“十四五”国家重点出版物出版规划项目

现代职业教育发展国别研究丛书

总 主 编 米 靖
副总主编 赵文平 孙翠香

巴基斯坦
职业教育研究

杨立学 著

外语教学与研究出版社
FOREIGN LANGUAGE TEACHING AND RESEARCH PRESS
北京 BEIJING

图书在版编目（CIP）数据

巴基斯坦职业教育研究 / 杨立学著. -- 北京 : 外语教学与研究出版社, 2024. 11. -- (现代职业教育发展国别研究丛书 / 米靖总主编). -- ISBN 978-7-5213-5824-7

I. G719.353

中国国家版本馆 CIP 数据核字第 2024J9Y804 号

巴基斯坦职业教育研究

BAJISITAN ZHIYE JIAOYU YANJIU

出 版 人 王 芳
项目负责 李淑静
责任编辑 赵 任
责任校对 牛贵华
封面设计 范晔文 彩奇风
出版发行 外语教学与研究出版社
社 址 北京市西三环北路 19 号（100089）
网 址 https://www.fltrp.com
印 刷 北京捷迅佳彩印刷有限公司
开 本 710×1000 1/16
印 张 12
字 数 185 千字
版 次 2024 年 11 月第 1 版
印 次 2024 年 11 月第 1 次印刷
书 号 ISBN 978-7-5213-5824-7
定 价 52.00 元

如有图书采购需求，图书内容或印刷装订等问题，侵权、盗版书籍等线索，请拨打以下电话或关注官方服务号：
客服电话：400 898 7008
官方服务号：微信搜索并关注公众号“外研社官方服务号”
外研社购书网址：https://fltrp.tmall.com

物料号：358240001

总序

当前，世界处于百年未有之大变局，经济全球化发展的巨变进一步推动全球治理体系的变革。职业教育作为一种与社会经济发展密切相关的活动，既能助力社会经济发展，也会受社会经济发展新态势的影响而不断转型变革。经济全球化使人才市场趋向国际化，世界性的人才供给市场正在形成，作为人才供给端的职业教育正在形成全球治理的新格局。世界职业教育发展进入一种“共生、共享”的新格局。职业教育对外交流合作的水平和程度成为一国职业教育能否高质量发展的重要标志，在坚持和扩大教育对外开放政策和“一带一路”倡议指引下，中国职业教育对外交流合作呈蓬勃发展之势。打造中国特色职业教育品牌，融入全球职业教育治理新格局，亟须加强职业教育国别研究。

2022 年，教育部在天津举办首届世界职业技术教育发展大会，以“互学互鉴、共商共享”为理念，促进职业教育的国际交流与合作。大会作为促进职业教育国际交流与合作的新平台，作为推动我国同世界互学互鉴、交流分享职业教育发展的重大活动，其可持续性影响力的传播有赖于对大会成果进行持续的研究、转化和推广。因此，出版一套“现代职业教育发展国别研究丛书”非常必要，对于扩大大会的影响力，推动大会成果落实落地，增强中国职业教育的国际话语权，提升我国同世界职教的对话能力具有重要价值。

基于上述考虑，天津职业技术师范大学职业教育学院团队牵头，组织校内外相关人员组成的编写团队进行多次研讨论证，统一编写理念，凝聚编写思路，全力打造了本套“现代职业教育发展国别研究丛书”，旨在共享他国职业教育治理模式。本丛书主要围绕“一带一路”共建国家及其他相关国家和区域的职业教育发展历程及现状，策划了《英国职业教育研究》

《德国职业教育研究》《泰国职业教育研究》《瑞士职业教育研究》《葡萄牙职业教育研究》《印度职业教育研究》《柬埔寨职业教育研究》《巴基斯坦职业教育研究》《南非职业教育研究》《印度尼西亚职业教育研究》《埃塞俄比亚职业教育研究》《新加坡职业教育研究》《埃及、摩洛哥职业教育研究》《俄罗斯、塔吉克斯坦、哈萨克斯坦、乌兹别克斯坦职业教育研究》《西非四国（尼日利亚、科特迪瓦、加纳、马里）职业教育研究》15 本著作。各书主要围绕各国概况（包括该国的历史、政治、经济、社会、人口、产业、劳动力市场发展情况等）、教育体系、职业教育和培训体系、职业教育治理机制（包括职业教育立法体系、职业教育管理机构和机制、经费支持、职业教育政策发展、国家资格框架等）、职业教育教师培养及培训、职业教育机构教学模式与方法、职业教育国际交流与合作等方面的内容进行撰写。

本丛书的总体编写思路如下：一是突出各国职业教育发展的特色，对各国职业教育的研究求同存异，既找出其共性的普遍发展规律，也彰显出各国的独特性；二是挖掘各国职业教育背后的社会经济、文化传统、制度体系等因素，跳出职业教育来审视职业教育，克服就职业教育而谈职业教育的状况，将职业教育放在国家整体发展的格局中来审视，分析各国职业教育背后相关因素的作用；三是揭示各国职业教育发展的内在规律，分析各国职业教育发展情况的根本意义在于为全球贡献可供借鉴推广的一般性内在规律，促进全球职业教育的共进发展。

为高质量打造本丛书，我们组织了一支优秀的团队，以天津职业技术师范大学的青年教师为主，同时协同了校外和境外的专家学者，他们拥有深厚的职业教育研究功底，具有较为丰富的国际职业教育研修经历，很好地保障了丛书的撰写质量。丛书撰写的过程中，我们多次召开研讨会，在编写思路、写作规范和成文风格等方面互相碰撞，不断打磨，形成了统一的范式，也绽放了各自的个性，在规范化和个性化之间保持了张力。

本丛书的出版得到了外语教学与研究出版社的大力支持，外语教学与研究出版社面向国际，近年来特别关注职业教育领域的选题和项目，以积极开放的态度服务中国职业教育对外交流合作。在此，特别感谢外语教学与研究出版社的策划及编辑团队，相信本丛书在外语教学与研究出版社出版，必将更加大放异彩。

我们坚信，在中国职业教育对外合作交流的大格局中，“现代职业教育发展国别研究丛书”将成为理解世界各国职业教育发展现状的桥梁和彰显我国综合国力、文化软实力的载体，为构筑“人类命运共同体”贡献独特的力量。

“现代职业教育发展国别研究丛书”编写组

2022 年 7 月

前言

巴基斯坦是首个与我国建立外交关系的伊斯兰国家，由于长期保持着稳定的双边友好关系和紧密的合作关系，巴基斯坦在我国民间赢得了“巴铁”的亲切称呼。自中巴经济走廊启动以来，两国在基础设施建设、新能源开发、贸易投资及军事交流等多个关键领域均取得了显著的合作成果。

在此背景下，越来越多的中国优质企业开始进入巴基斯坦，进行建设与生产活动。这些企业急需熟悉中国技术的本地化技能人才，这为中国职业教育携手优质产业进军巴基斯坦，为在巴的中资企业培养本地化技术技能人才提供了宝贵的机会。

2018 年 7 月，由天津现代职业技术学院承办的鲁班工坊在巴基斯坦旁遮普省正式揭牌成立，专注于为在巴基斯坦的中资和巴资大型企业培养机电一体化、电气自动化等专业的技术技能人才。与传统境外办学模式有所不同，鲁班工坊采用了为合作国培养师资的创新模式，即先培训当地教师，再由这些教师去培养更多的当地技术技能人才。这一教学模式相较于传统的本国教师赴合作国任教模式，无疑是一次重大的创新。至今，这一教学模式已在巴基斯坦成功运行了六年，办学规模也从旁遮普省技术教育与职业培训局中心校扩展到了穆罕默德·纳瓦兹·谢里夫农业大学，实现了从专科到本科的跨越性发展。

为了进一步加强中巴两国在职业教育领域的合作，我们有必要深入了解巴基斯坦的职业教育现状，包括其职业教育体系、职业教育政策以及国家职业资格框架的建设情况。这将为鲁班工坊的建设及其工程实践创新项目（Engineering Practice Innovation Project，EPIP）教学模式深度融入巴基斯坦职业教育体系奠定坚实的职业教育文化基础。

巴基斯坦职业教育研究是国别职业教育研究的一个分支，专注于探讨该国职业教育的相关情况，旨在通过培养高素质的技术技能人才，为国家的治理和经济社会发展贡献力量。在进行国别职业教育研究时，首要考虑的是国家的特性，而巴基斯坦的职业教育发展深深植根于其独特的社会文化基础之中，民族信仰和地域文化对职业教育政策与发展产生了显著影响。因此，本书的第一章首先对巴基斯坦的社会文化状况进行了全面概览，简要介绍了该国的语言文化、政治体制、经济资源、社会安全状况以及中巴合作的基本情况。国别职业教育研究的重点在于职业教育本身，这种教育类型是整个教育体系中的重要组成部分。因此，本书的第二章主要对巴基斯坦的教育体系进行了梳理，并重点分析了职业教育体系，包括职业教育的发展历史、管理机构、学历架构以及培训体系等方面。国家职业教育实践的核心内容在于职业资格框架的建构，这一框架的完善程度直接决定了职业教育的发展水平。因此，本书的第三章专门对巴基斯坦的职业资格框架进行了深入研究，从资格框架的构建背景出发，探讨了国家职业资格等级、证书设计的质量保障、获取路径、评测体系以及等效性等多个方面。第四章则聚焦于国家职业资格的开发、评估与管理。其中，首先研究了职业资格开发的整个过程，包括分析劳动市场需求、提交资格开发意愿、建立职业档案、开发能力标准和评估指南以及开发培训师和学习者指南等环节。接着，介绍了职业资格授予委员会和评估中心的建立过程，并详细研究了评估前的准备、模块化评估、总结性评估、评估成果登记、证书颁发、再次评估以及候选人上诉权利等整个流程。最后，介绍了国家职业资格管理委员会的构建过程及其职责，并探讨了国家职业资格的等效性管理和国家职业资格培训的监管过程等内容。第五章主要围绕巴基斯坦的职业教育政策展开，通过解读《国家技能战略》《促进增长和发展的技能：巴基斯坦技术与职业教育培训政策》《国家全民技能战略》三份国家文件，深入剖析了巴基斯坦职业技术教育与培训的政策制定、政策要点、利益关联方、资金、能力提升、质量保障、产业赋权、国际化战略以及提升社会声誉的宣传策略等多个方面。第六章则专注于中巴职业教育合作的研究，主要分为两部分：一是巴基斯坦鲁班工坊，涉及该工坊的建设历程、职业技术培训、核心要义、科学研究以及中文培训等方面；二是旁遮普天津技术大学，涉及该校的建设历程、发展状况，同时指出了其面临的困境，并尝试给出了相应的解决方案。

本书深入展现了巴基斯坦的民族文化与职业教育体系，明确阐述了其技能需求及相应的职业教育政策。书中将巴基斯坦的职业教育实践视为一项系统工程，通过对立法、政策制定、建设运行以及质量监理等各个环节的细致研究，清晰地揭示了巴基斯坦职业教育的深层次内涵。这样的分析对于我国在中巴职业教育合作中确定工作重点和方向具有重要意义。它不仅有助于我国在教育资源共享、师资培训、学生交流等方面与巴基斯坦开展更为深度的教育合作，而且有利于我国职业教育更好地服务于中巴经济走廊建设，为“走出去”的企业在建设与生产过程中提供坚实的智力支撑和充足的人力资源供给。

本书的研究工作有幸得到了天津职业技术师范大学职业教育学院的鼎力支持。在此，我衷心感谢院长米靖教授和副院长赵文平教授为我提供的宝贵机会，同时也向出版社的编辑们致以诚挚的谢意，感谢他们为本书的出版付出了辛勤的劳动。

杨立学

2024 年 10 月于天津职业技术师范大学

目录

第一章
国情概览

巴基斯坦，全称为巴基斯坦伊斯兰共和国（Islamic Republic of Pakistan），是第一个与我国建立外交关系的伊斯兰国家。自建交以来，双方在政治、经济、军事、文化等多个领域开展了广泛而深入的合作，巴基斯坦始终是中国最为重要的战略合作伙伴之一，也因此被中国人民亲切地称为“巴铁”。

地理位置上，巴基斯坦地处南亚，东北部毗邻中国，西北部紧临阿富汗，西部与伊朗相连，南部濒临阿拉伯海，东部则以印度为邻，内部地形多样，既有山区、高原、平原，也有沙漠地带，山区常年被冰雪覆盖，且森林覆盖率较低，高原地区盐矿、油气资源丰富，平原地区土壤肥沃，水源充沛，易于耕作，沙漠地带则风沙严重，更适合“多发展畜牧业”[①]。

巴基斯坦的气候特征明鲜，雨季与旱季泾渭分明，且整体气候炎热，极端情况下最高气温可达 47℃，其国土面积约为 796 095 平方千米（此数据不包括巴控克什米尔地区），人口据 2023 年 11 月的统计数据约为 2.4 亿[②]。巴基斯坦拥有庞大的人力资源红利，其人口总量居世界第五，且人

① 徐墨，高雅茹. 巴基斯坦文化教育研究［M］. 北京：外语教学与研究出版社，2022：2–3.

② 中国外交部. 巴基斯坦国家概况［EB/OL］.（2023–11）［2023–12–13］. https://www.mfa.gov.cn/web/gjhdq_676201/gj_676203/yz_676205/1206_676308/1206x0_676310/.

口结构中 60% 为 30 岁以下的青年。当前，巴基斯坦的劳动力人口众多，适龄劳动力资源充足，且整体年龄结构相对年轻，若能为这些劳动力提供高质量的技能培训，将很容易形成就业红利，进而提高生产力，促进经济增长。目前，巴基斯坦的职业教育体系已经形成基本的框架，但质量还有待提高，亟须根据其本地产业需求加强职业教育体系的内涵建设，以便充分发挥人口红利，满足产业发展对技术技能人才的迫切需要。

一、社会文化多元化

巴基斯坦是多民族、多语言、多宗教的国家，主要有五大民族，即旁遮普族（Punjabi，63%）、信德族（Sindhi，18%）、普什图族（Pashtun，11%）和俾路支族（Balochi，4%）[①]。这五大民族各自拥有独特的语言，即旁遮普语、信德语、普什图语和俾路支语。巴基斯坦的国语为乌尔都语，官方语言为乌尔都语和英语，在宗教方面，“95% 以上的居民信奉伊斯兰教，还有少数人信奉基督教、印度教和锡克教等”[②]。

巴基斯坦的各个民族通常聚居于特定的省份，如旁遮普族、信德族分别主要居住在旁遮普省和信德省。不同省份有着不同的产业结构，因此不同民族的职业偏好与就业需求也有所不同。为此，巴基斯坦的职业教育体系需要根据不同地区、不同民族的需求，设计具有高度适应性的职业技术教育与培训项目。此外，巴基斯坦的多语言环境也容易造成其职业教育系统的语言障碍，来自边远地区和贫困家庭的学生往往只熟悉自己的民族语言，在接受教育和培训时，他们需要在受训语言和民族语言间不断切换，这在一定程度上影响了学生的学习效率。巴基斯坦虽然宗教多元，但 95% 以上的居民信奉伊斯兰教，这为其教学内容、教学方法的设计和产业行业的对接提供了方便。国家将伊斯兰教义融入教学大纲，确保职业教育项目符合伊斯兰的价值观和伦理规范。但对于信仰其他宗教的国民也不可忽视，巴基斯坦要针对其对职业教育的要求，提供适合的教育内容与培训模式。

---

① 中国外交部. 巴基斯坦国家概况［EB/OL］.（2023-11）［2023-12-13］. https://www.mfa.gov.cn/web/gjhdq_676201/gj_676203/yz_676205/1206_676308/1206x0_676310/.

② 同上.

民族、语言、宗教的多样性构成了巴基斯坦教育发展的主要障碍。1947 年，巴基斯坦自治领（Dominion of Pakistan）成立时，“国内高达 80% 的人口是文盲，农村地区妇女的识字率几乎为零”[①]。在过去的70多年里，巴基斯坦政府通过实施一系列的国家发展规划、颁布教育政策文件、召开重要教育会议和推进重要教育项目计划，致力于发展教育，促进教育公平、提升教育质量[②]。根据世界银行的数据，截至相应年份，巴基斯坦的初等教育（2021）、中等教育（2019）、高等教育（2023）的毛入学率分别为 84%、42%、13%[③]。整体而言，巴基斯坦的教育状况已经明显改善，但中等教育入学率和高等教育入学率仍然偏低，尤其在高层次人才培养上还有很大的短板。作为一种类型教育，职业教育要充分发挥“技能 + 知识”的独特作用，通过结合学历教育与技能培训两种方式，在提升巴基斯坦整体教育水平中发挥重要作用。

巴基斯坦的首都伊斯兰堡（Islamabad），建成于 1970 年，是全球最为年轻的现代化城市之一，其建筑通常具有伊斯兰风格，如穹顶、尖塔、鲜明的几何图案等，充分展现了伊斯兰文化的美学特征。伊斯兰堡汇聚了众多伊斯兰教育机构，如伊斯兰学校、伊斯兰大学等，这些学校在课程设置和教学内容上尤为注重伊斯兰价值观的培育，如慈善、和平、公正。

巴基斯坦的高等教育历史可以追溯到 1882 年，当时英国殖民政府创建的旁遮普大学（Panjab University），该学校如今已成为巴基斯坦规模最大的大学。巴基斯坦独立初期，由于政局不稳，高等教育发展缓慢，一直到 20 世纪 70 年代后，随着国家逐渐稳定和经济的增长，高等教育才渐渐发展壮大。在此期间，“学士、硕士、博士学位项目以及博士后流动站”等各个高等教育层次得以完善，完整的高等教育体系被建立起来[④]。巴基斯坦目前共有 233 所高校，除旁遮普大学之外，其他较著名的大学有真纳大学（Quaid-i-Azam University）、国立科技大学（National University of Sciences and Technology）、国立现代语言大学（National University of Modern Languages）、

---

① 徐墨，高雅茹. 巴基斯坦文化教育研究［M］. 北京：外语教学与研究出版社，2022：36.

② 同上 34.

③ The World Bank［EB/OL］.（2024–4–24）［2024–8–13］. https://www.worldbank.org/en/search?q=parkistan+education+gross+enrollment+ratio¤tTab=1&x=0&y=0.

④ 徐墨，高雅茹. 巴基斯坦文化教育研究［M］. 北京：外语教学与研究出版社，2022：87–88.

伊斯兰堡国际伊斯兰大学（International Islamic University，Islamabad）、卡拉奇大学（University of Karachi）、白沙瓦大学（University of Peshawar）等。

虽然巴基斯坦的大学面临科研经费严重不足的问题，“2017 年，巴基斯坦的科研支出仅占 GDP 的 0.2%，为全球倒数第 22 名”，远低于世界平均水平（2.1%）[①]，但是巴基斯坦的高等教育依然扮演着举足轻重的角色。巴基斯坦 2011—2023 年高等教育的“毛入学率一直保持在 8%—13%”，按照国际惯例，当高等教育毛入学率低于 15% 就属于精英教育，可见巴基斯坦的高等教育当前仍然处于“精英教育阶段”[②]。虽然财政经费有限，科研投入不足，但是由于高等教育保持着精英教育的特性，巴基斯坦的大学在社会中享有较高的地位和影响力，能够吸引良好的生源。因此，大学毕业生成为了社会发展的中坚力量，在科学、医学、商科、法律等领域发挥着重要作用，有效引领着社会文化的发展和进步。

二、政治体制

巴基斯坦建国相对较晚，它原先与印度、孟加拉国共同隶属于莫卧儿帝国（Mughal Empire），在 1858 年英国殖民莫卧儿帝国后，这一地区成为英属印度的一部分。到了 1947 年，英国驻印度总督蒙巴顿提出了印度与巴基斯坦分治法案，随后巴基斯坦成立自治领，成功脱离了殖民体系，实现了国家独立，巴基斯坦伊斯兰共和国于 1956 年正式宣告成立[③]。印巴分治后，多数设备、设施完善的职业院校都在印度，而当时的巴基斯坦职业教育机构主要只是一些私立技能培训机构，远未形成完整的体系。

巴基斯坦现为联邦制国家，设有议会、总统和政府内阁三种权力机构。议会实行两院制，包括参议院与国民议会，两者共同构成了国家的最高立法机构。参议院有 104 个席位，设主席和副主席各 1 名，其拥有提出宪法修正案、通过法案和向政府内阁质询的权力，参议院主席在总统死亡、辞职和被

---

① 徐墨，高雅茹. 巴基斯坦文化教育研究［M］. 北京：外语教学与研究出版社，2022：96.

② 同上 96–98.

③ 详情见中国外交部. 巴基斯坦国家概况［EB/OL］.（2024–04）［2024–8–13］. https://www.mfa.gov.cn/web/gjhdq_676201/gj_676203/yz_676205/1206_676308/1206x0_676310/.

弹劾时，有权代行总统职责；国民议会有336个席位，设议长和副议长各1名，其主要负责审定法律、审议财政预算以及监督行政机构，若在特殊时期且参议院主席不能代行总统职责时，国民议会议长将递补代行总统职责[①]。

总统是由参议院、国民议会和省级议会共同组成的选举团选举产生的，他担任国家元首，同时也是国家武装力量的最高统帅，依据巴基斯坦宪法赋予的权利履行职责。在巴基斯坦，联邦大学的校长一般由总统兼任，而省属大学的校长则一般由省长兼任，大学的副校长则由校长任命。校长一般是名誉性质的，具体日常工作则是由副校长负责。这一点借鉴了英国的高等教育管理体系，其大学设校长（Chancellor）和副校长（Vice Chancellor）两个职位，校长一般是由有影响力的社会名人担任，副校长则负责处理具体事务。由总统担任联邦大学校长，有助于大学获得国家财政、立法支持。

总理的候选人由参议院和国民议会联席会议选举产生，并最终由总统任命确定。总理作为政府首脑，负责组建内阁并主管国家日常行政事务。在巴基斯坦，联邦教育与职业培训部（Ministry of Federal Education and Professional Training，MFEPT）部长是总理内阁成员，而巴基斯坦国家职业技术培训委员会（National Vocational and Technical Training Commission，NAVTTC）归属于联邦教育与职业培训部管理。可以说巴基斯坦政府总理对于职业教育发展承担着首要责任。

三、区域经济资源

从行政区域划分来看，巴基斯坦主要包括四个省和一个特区，分别为旁遮普省（Punjab）、信德省（Sindh）、俾路支省（Balochistan）、开伯尔-普什图赫瓦省（Khyber Pakhtunkhwa）和伊斯兰堡首都特区（Islamabad Capital Territory）[②]。巴基斯坦以农业见长，盛产棉花、大米、小麦、甘蔗、芒果、西瓜、葡萄等，其农业人口约占全国总人口的63%[③]。

---

① 详情见中国外交部. 巴基斯坦国家概况［EB/OL］. 2023-11［2023-12-13］. https://www.mfa.gov.cn/web/gjhdq_676201/gj_676203/yz_676205/1206_676308/1206x0_676310/.

② 同上.

③ 同上.

巴基斯坦矿产资源丰富，已探明矿藏储备为“天然气 6 056 亿立方米、石油 1.84 亿桶、煤 1 860 亿吨、铁 4.3 亿吨、铝土 7 400 万吨”①。在国内交通方面，巴基斯坦国内客货运输以公路为主，其“公路客运占客运总量的90%，公路货运占货运总量的96%”②。其工业体系主要是与农业、矿产和运输密切相关，涵盖了纺织、粮食加工、制糖、水果加工、酿酒、农业机械、化工、油气开采、机械制造以及车辆工程等多个领域。

作为产棉大国，棉纺织业是巴基斯坦第一大工业类型，即巴基斯坦工业结构与农业发展密切相关，是基于农业生产基础之上的工业生产。2022 年，巴基斯坦鲁班工坊与位于旁遮普省的穆罕默德·纳瓦兹·谢里夫农业大学（Muhammad Nawaz Shareef University of Agriculture）合作，共同开展农业机械教育与培训，旨在服务巴基斯坦农机人才的培养和农业的快速发展。除棉纺织之外，制糖业、水果加工业也都是与该国农业密切相关的工业领域。另外，依托自身丰富的矿产资源，巴基斯坦还发展了化工、油气开采等一系列相关工业。

可以看出，巴基斯坦的工业类型主要围绕农业生产和矿业资源展开，这表明其还处于传统工业化的发展阶段。在智能制造、人工智能和新能源等新型技术领域，巴基斯坦的发展尚有欠缺，这也恰好为巴基斯坦职业技术教育与鲁班工坊的合作提供了宝贵的发展机遇。

四、社会安全问题

巴基斯坦的社会状况并不稳定，2001 年 9 月 11 日恐怖袭击事件（9·11 事件）之后，巴基斯坦参与了国际反恐战争，塔利班和其他基地组织的恐怖活动频繁，对巴基斯坦的社会安全构成了严重威胁。同时，国内的极端主义势力也给国家安全造成极大威胁。在这种双重压力下，巴基斯坦的公共秩序和安全环境遭受了重大冲击，这种不稳定的社会环境对教育系统，尤其是职业教育领域产生了深远的影响。作为培养技术技能人才的重要途径，职业教育的发展受到了多方面的制约。

---

① 详情见中国外交部. 巴基斯坦国家概况［EB/OL］. 2023-11［2023-12-13］. https://www.mfa.gov.cn/web/gjhdq_676201/gj_676203/yz_676205/1206_676308/1206x0_676310/.

② 同上.

社会动荡导致了教育资源更加难以统筹安排，职业学校和培训机构往往因此难以获得足够的财政支持，进而影响了教育质量和课程的更新。就业群体无法获得高质量的职业教育，从而造成人口红利的浪费。这样的经济环境与职业教育状况严重阻碍了产业的顺利发展，导致企业倒闭或裁员的情况增多，就业机会减少。学生和家长对职业教育的信心因此减弱，而民众的不安全感和信任危机则进一步导致职业教育的吸引力不断下降。

另一方面，印巴武装冲突导致一些地区的职业教育基础设施被破坏，同时，由于安全原因，高端职教师资纷纷离开所在职业院校，使得该地区的职业教育优质资源大幅减少，严重影响了职业技术教育与培训的质量。由于缺乏良好的治安环境，再加上技术技能型人才的欠缺，高端产业难以发展起来，经济发展一直相对滞后。2020 年，巴基斯坦的人均国民收入仅为 1 505 美元[①]。按照世界银行的标准[②]，巴基斯坦属于低收入国家或中等偏下收入国家。资金的短缺直接影响职业教育的基础设施建设和教学资源投入，使得职业院校无法及时更新教学设备和技术，导致教育内容与产业发展脱节，严重影响了职业教育的适应性。

---

① 中国外交部．巴基斯坦国家概况［EB/OL］.（2023–07）［2023–8–19］. https://www.mfa.gov.cn/web/gjhdq_676201/gj_676203/yz_676205/1206_676308/1206x0_676310/.

② 按照世界银行 2020 年的标准，人均收入在 1 036 美元以下的国家为低收入（Low income）国家，人均收入在 1 036 至 4 045 美元的国家为中等偏下收入（Low-middle income）国家。详情见 Umar Serajuddin, Nada Hamadeh.New World Bank country classifications by income level: 2020–2021［EB/OL］.（2020–07–01）［2023–8–19］. https://blogs.worldbank.org/opendata/new-world-bank-country-classifications-income-level-2020–2021.

第二章
巴基斯坦教育体系与职业教育

一、教育发展史

巴基斯坦的教育历史源远流长，早期可追溯到公元前 2500 年—公元前 1500 年的印度河流域文明，这一文明的两个主要分支——哈拉帕（Harappa）文化和摩亨佐－达罗（Mohenjo-daro）文化的所在城市哈拉帕和摩亨佐－达罗，分别位于现今巴基斯坦的旁遮普省和信德省。考古已经发现了这两大文化中所蕴含的教育体系，但是由于时代久远，遗迹中的文字、符号及印章尚未被完全解读，人们对这一教育体系仍然知之甚少。进入公元 3 世纪，佛教开始在巴基斯坦兴起，一直到 7 世纪，巴基斯坦出现了众多佛教寺庙和修道院，为僧侣和信徒提供教育机会。公元 7 世纪，伊斯兰教传入巴基斯坦，建立了众多清真寺和伊斯兰学院，为巴基斯坦居民传授宗教教育和世俗知识。对于印度河流域文明虽然学界目前还难以给出清晰的解释，但在哈拉帕、摩亨佐－达罗遗址中发现了一些与宗教有关的庙宇、祭坛、神像等遗物，结合公元 3 世纪的佛教教育和公元 7 世纪的伊斯兰教育，可知巴基斯坦早期的教育以宗教教育为主，并没有出现以自然科学、社会科学为主要特征的现代教育体系。

1526 年，巴布尔（Babur）在巴那希尔战役中击败了德里·苏丹国

（Delhi Sultanate），建立了莫卧儿帝国。莫卧儿帝国的教育体系比较先进，除传统的伊斯兰教育外，在宫廷教育中还融入了文学、历史、数学、天文学、音乐及绘画等教学科目，并且在各大城市建立了一系列知名的大学和学院，如贾米亚·米利亚·伊斯兰尼亚大学（Jami'a Millia Islamia）、阿拉伯学院（Arab College）、莫卧儿学院（Mughal College）、阿克巴里学院（Akbari College）、阿克巴大学（Akbar's University）。这些大学中，除了阿克巴大学位于巴基斯坦的拉哈尔外，其他大学和学院均位于印度。阿克巴大学开设有历史、哲学、医学、文学等学科，据历史考证，它是巴基斯坦境内最早成立的大学。然而，遗憾的是，在莫卧儿帝国衰败之后，阿克巴大学因缺少办学资金和政策支持，很快便停止了运作。

从 18 世纪中期起，英国殖民势力逐渐扩张到印度次大陆。其中，英国东印度公司在印度建立了殖民地，并与莫卧儿帝国爆发了三次大规模的战争，最终导致了莫卧儿帝国灭亡（1858）。这使得印度已经完全沦为英国的殖民地，巴基斯坦历史也由此步入了英属印度时期。在此期间，英印政府将英国的教育体系引入了英属印度，建立了多所现代大学和学院，为当地人提供了接触西方教育和知识的机会。据统计，英印政府“共建立了 21 所大学，其中仅有一所大学在今巴基斯坦境内，即旁遮普大学[①]。在当时，大学还负责“管辖高等教育、学院及附属教育机构”，因此，旁遮普大学曾经享有“除南部信德地区外的教育管辖权”[②]。这意味着，除信德地区外，巴基斯坦的职业学院也归旁遮普大学管辖，其教学大纲、教学模式、教学质量均受到旁遮普大学的指导和监管。

在这一时期，尽管巴基斯坦接触到了现代教育模式，但其分配到的教育资源份额却严重不足。大多数教育资源集中在印度境内，具体表现为 21 所大学中有 20 所都位于印度，同时，大多数条件好的职业院校也设在印度。这一状况的产生有其历史原因，当时印度是英属印度的核心区，其经济规模和人口数量都远超巴基斯坦地区，因此，很多英国政府和私人机构选择在印度投入更多的教育资源，而对巴基斯坦地区则投入较少。另

① 刘进，赵坤，等. 巴基斯坦高等教育研究［M］. 北京：北京理工大学出版社，2022：2.
② 同上.

外，这一时期，英国将印度视为“商品倾销市场和原材料供应地”[①]，其目的是为了获取利润和资源。哪里能产生更多利润，哪里资源丰富，英国就投资到哪里。这也是英印政府期间，印度和巴基斯坦两大地区发展不平衡的主要原因。英印政府发展教育的主要目的是服务其殖民统治，即主要是培养政府职员和英属企业所需要的人才，而并未考虑社会公平和教育的协调发展。这种发展的不平衡在印巴分治之后尤为明显，在新国家建立和发展的过程中，如何摆脱优质教育资源严重不足的困境，建成经济社会发展需要的教育体系，成为巴基斯坦建国初期面临的一项重要任务。

二、教育体系

巴基斯坦教育体系划分为初等教育（Elementary Schools）、中等教育（Secondary Education）、高等教育和职业教育。初等教育包括学前教育、初等小学教育（Primary Schools）和高等小学教育，3—4 岁儿童接受学前教育，初等小学教育是 1—5 年级，高等小学教育是 6—8 年级；中等教育进一步细分为初中教育、高中教育，初中教育是 9—10 年级，高中教育包括预科学院或中等技术学校，均为 11—12 年级，其中，预科学院是为进入高等教育做准备的两年，中等技术学校则是为进入高职学校做准备的两年；对于选择继续深造的学生，他们可以进入预科学院，以后攻读本科、硕士和博士学位，而选择职业教育路径的学生，则以后主要是接受两年的专科教育[②]。

可见，巴基斯坦的职业教育开始于初中之后的中等技术教育，并在专科层次通过两年的高等职业教育完成，然而，这一体系在专科阶段便终止了，意味着一个完整的职业教育体系尚未建立起来。据《巴基斯坦教

① 田山俊，齐方萍. 印度文化教育研究［M］. 北京：外语教学与研究出版社，2022：164.

② Dawood Shah，Muhammad Inayat Khan，Muhammad Yaseen，et al. Pakistan Education Statistics 2017—2018［R］. National Education Management Information System，Academy of Educational Planning & Management，Ministry of Federal Education & Professional Training，Government of Pakistan，2021：5；徐墨，高雅茹. 巴基斯坦文化教育研究［M］. 北京：外语教学与研究出版社，2022：73–74.

育统计（2017—2018年）》的数据，“只有4%的学生进入大学”①。此外，《巴基斯坦高等教育委员会2025愿景》援引了联合国教科文组织的数据，显示从2003—2015年，高等教育的毛入学率由2.73%提高到9.927%②。依照马丁·特罗提出的高等教育大众化理论，高等教育毛入学率“大于50%”才是普及化阶段，在“15%—50%”属于大众化阶段，“低于15%”为精英教育阶段③。可见，巴基斯坦的高等教育仍处于精英教育阶段，且其精英性质比一般情况更为突出，仅4%的入学率说明了这一点。在高等教育资源如此稀缺的情况下，教育政策和财政投入更多地倾向于高等教育，教育资源主要面向培养高层次学术人才。因此，职业教育在资金、师资、设施等方面相对匮乏，其发展受到限制。

当高等教育迈入大众化乃至普及化阶段时，教育资源的分配趋于均衡，社会对各类人才的需求也更加多样化。此时，职业教育有望获得更多的关注和支持，从而实现高质量发展。据联合国教科文组织统计，全球高等教育的平均毛入学率为40%。值得注意的是，这一数据包含了专科学校的入学率，而本科大学的入学率则相对较低。总而言之，巴基斯坦高等教育的入学率不仅远低于全球高等教育的平均毛入学率，也远低于其邻国印度（28%）和孟加拉国（21%）④。在高等教育还远未普及的情况下，职业教育往往面临质量提升方面的诸多挑战。但作为后发展国家，巴基斯坦从其他国家的发展经验中，深刻认识到职业教育的重要性，政府层面越来越重视职业教育，其职业教育因此面临前所未有的发展机遇，但同时也面临高等教育精英化的挑战。这就要求职业教育领域的专家、管理者必须深入研究，创新发展，努力开拓出一条符合自身特点的高质量发展之路。

---

① Dawood Shah，Muhammad Inayat Khan，Muhammad Yaseen，et al. Pakistan Education Statistics 2017—2018 [R]. National Education Management Information System，Academy of Educational Planning and Management，Ministry of Federal Education and Professional Training，Government of Pakistan，2021：18.

② Joseph Taylor. Pakistan Higher Education Commission Vision 2025 [R]. Universities UK International，2017：4.

③ 徐墨，高雅茹. 巴基斯坦文化教育研究 [M]. 北京：外语教学与研究出版社，2022：96–98.

④ 徐墨，高雅茹. 巴基斯坦文化教育研究 [M]. 北京：外语教学与研究出版社，2022：125.

三、职业技术教育史

从 19 世纪中期直至 1947 年巴基斯坦独立，教育管理部门逐渐意识到职业技术教育对于产业发展的重要性。为此，他们设立职业技术学校，并成立职业教育管理机构，倡导将“职业教育纳入正规教育体系中发展”[①]。这一主张的核心理念在于，只有职业教育成为国民教育体系的一部分，才能够促进职业教育正规化发展。此前，职业教育与正规教育相分离，彼时职业教育未纳入国民教育体系。当时的教育主要是面向拥有一定财富积累和社会地位的人群，旨在培养政府所需要的职员、律师、医生和管理者，这种教育被视为普通教育。而针对特定行业从业人员的职业教育，则主要是由独立于普通学校的职业技术学校提供，主要传授实用的技术技能，在当时主要是手工艺。这在当时政府看来重要性相对较低，因此并没有将其纳入国民教育体系。普通教育与职业教育的这种差异，以及普通教育人才与职业教育人才的不同归宿，给国人留下了这样一种印象，即职业教育地位不如普通教育，这种观念对职业教育的发展产生了不利影响。

除独立的职业学校外，传统的学徒制也是实施技能培训的一个途径，但非正规教育体系的学徒制只适合培养普通熟练工人，无法培养高级技能人才。政府也逐渐认识到这种政策的弊端，随后对相关政策做了调整，建立了一批职业技术学校，并加强了其内涵建设，旨在促进职业教育融入正规教育。但截止到 1947 年，巴基斯坦仍“并没有一个组织完善的职业教育体系”[②]。

巴基斯坦独立初期，政府面对国家治理、法律规章制定和基础设施建设等迫切问题，一时无暇顾及职业院校建设。而百废待兴的现实局面又急需高端技术技能人才，建设完善的职业教育体系成为巴基斯坦的当务之急。

巴基斯坦在 1959 年发布《国民教育委员会报告》（Report of the Commission on National Education，1959），强调职业教育对国家经济发展的重要作用，报告再一次提出“将职业教育纳入国民教育体系，在全国范围内建立

① 赵勋．巴基斯坦职业教育政策发展探析［J］．职业教育：评论版，2022（18）：46.

② 同上．

职业学校网络，开设多元化的学科课程，鼓励学生参加行业学徒计划，每年为不同行业培养 7 000 名技术人员，满足当时工业发展的需求”[①]。这一报告对巴基斯坦的教育体系进行了全面评估，发现了巴基斯坦教育的不足，尤其指出职业教育发展缓慢的现实状况，强调将职业教育纳入国民教育体系，鼓励提供多样性的教育资源。传统学校教育通常偏重文化知识的教学，这导致那些不适应学术学习的学生在教育过程中面临较大的差距和挑战。将职业教育纳入国民教育体系可以为学生提供另一条侧重技术应用的教育路径，让对技术感兴趣、善于通过动手实践解决产业实际问题的学生能够选择适合自己的教育模式，由此缩小教育差距，实现教育公平。

巴基斯坦注重通过职业教育提高教育的普及性，并按照国家产业需求发展职业教育，打开了产业与职业教育合作的新机遇。巴基斯坦在全国范围建设职业院校，同时确定具体的技能培训人次目标，按计划在农业、制造业和工程领域培养技术技能人才，填补了国家产业发展的技术技能人才缺口，推动了巴基斯坦的产业现代化进程。同时，所建职业院校可以为年轻人提供更多的技术培训机会，提升其就业能力，从而减少失业率，降低贫困率，提高家庭收入，改善居民生活条件。

巴基斯坦的学徒制可追溯到古代，其中传统的“师傅—学徒”模式促进了熟练工艺代代相传。在英属印度政府执政期间，学徒制主要是为英国管理的企业服务，比如木匠、铁匠、裁缝等。师傅主要由英国技术人员担任，学徒在英属企业内，边工作边学技能。这一时期学徒制存在工作时间长，工资低，工作环境差等问题，且重点并不在于提升学徒的技术技能水平。1947 年巴基斯坦独立后，其意识到学徒制在职业技术培训中的重要作用，开始独立发展学徒制，以满足当地企业和劳动力的技术技能需求。学徒制开始快速发展，涵盖工程、制造业、农业、建筑业、服务业等多个行业。但是随之而来也出现了不少问题，比如有些企业的学徒制只有形式，没有质量，同样的学徒种类在不同企业培训时间不一样，培训内容也不统一。为了改变这一失序局面，巴基斯坦在 1962 年颁布了《学徒制条

① 赵勋．巴基斯坦职业教育政策发展探析［J］．职业教育：评论版，2022（18）：46.

例》(The Apprenticeship Ordinance)[①]，这是巴基斯坦出台的第一个针对学徒制的立法。《学徒制条例》对雇主、行业、学徒、程序、奖惩进行严格规范，并明确界定了学徒制的内涵。

学徒制对学徒职数比例与接受技能培训的比例均确定为20%，即一个企业工人总数的20%要进行学徒培训，在学徒的培训过程中，必须保证有20%的时间用于技术技能指导，不能让学徒制流于形式，要让学徒制人才培养有章可依，这既是对企业的约束，也是日后评估检查的重要依据。

学徒制要求学徒必须遵守学徒合同的相关规定，努力学习规定的技术技能和知识。学徒必须积极参加雇主安排的实践训练和能力评测项目，若违反纪律或没有履行学徒合同规定的相关义务，就可能被解聘。不仅如此，学徒若自愿退出学徒工作，或在学习过程中态度不端正，导致其反馈报告出现大量负面评价，都将受到惩罚。这不仅针对学徒本人，其担保人也将承担连带责任。这种惩罚措施可以起到警示和威慑作用，明确进入学徒制，就必须遵守相关规章制度，接受相应培训和实践安排，避免出现进入学徒制后，不珍惜学习提升机会，达不到培训成效，给学徒制本身造成负面影响。

为了鼓励雇主积极提供学徒教育，巴基斯坦还通过财政税收方面的优惠，减轻雇主为培养学徒所要承担的经济压力，雇主凭开展学徒培训的证明，可减免因开展学徒制产生的相关税收费用。

为保障学徒项目的质量，学徒制规定主管部门有权随时进入工作现场检查学徒制的落实情况。若雇主未按员工比例设定学徒数量，未执行学徒制规定的技能培训时间比例（不低于全部工作时间的20%），拒绝提供要求的信息，或故意提供虚假信息，甚至拒绝管理部门现场检查，就会受到惩罚，最高可达一万巴基斯坦卢比，若拒交罚款，就可能处六个月监禁，若继续再犯，要接受进一步处罚，每天可给予200卢比的罚款[②]。处罚主要是经济方面的罚款，由于雇主对利润的追求，他们对于罚款非常敏感。因

① The Apprenticeship Ordinance，1962 [EB/OL].（ 1962-06-06)[2022-05-13]. https://www.ilo.org/dyn/natlex/docs/ELECTRONIC/39285/118501/F-1943107699/PAK39285.pdf.

② The Apprenticeship Ordinance，1962 [EB/OL].（ 1962-06-06)[2022-05-13]. https://www.ilo.org/dyn/natlex/docs/ELECTRONIC/39285/118501/F-1943107699/PAK39285.pdf.

此，这种惩罚模式能够有效促进雇主采取措施，提升其学徒项目的质量与效果。

《学徒制条例》保障了巴基斯坦学徒项目各相关方的权益，使学徒从自然生长走向规范发展的道路，不少规模较大的企业建立了学徒中心，促进了企业所需技能人才的培养。学徒制是依靠企业开展职业教育的重要方式，特别是在高等教育远未普及化的阶段，职业学校并不能完全被普通教育所接受。有数据显示学校所办职业教育并不受欢迎，学生中学毕业后要么继续接受普通教育，要么“辍学后进入劳务市场”，“仅有 4% 的中学毕业生选择职业教育”①。职业教育的人才培养质量不强，技术工种的待遇与社会地位不高是其主要原因。

未经过正规职业教育的学生直接进入企业，对于企业的技术创新发展极为不利，为此巴基斯坦于 1969 年出台了《新教育政策提案》(Proposal for a New Educational Policy in Pakistan)，提出改革中等教育，使之开展“技术教育和职业培训”，并在各省设立“独立的技术和职业教育局”②。在中等教育阶段引入职业教育是一种开创性的做法，相关教学业务由各省技术和职业教育局直接管理，职业教育从制度上被确定进入国民教育体系。在中学阶段开始职业教育可以让学生较早接触专业，了解职业、技能与专业的关系，帮助其面对未来职业时做出更适合的决策。尤其在高等教育精英化阶段，大量无法进入大学的学生获得职业技能，能有效对接产业市场的技术需求，避免其中学毕业后由于缺乏技术技能，难以找到适合发展的工作。

巴基斯坦虽然公布了《新教育政策提案》，准备在中等教育阶段引入职业教育，但由于国内局势不稳定，基本无暇顾及教育发展，其职业教育相关政策未能达成预定目标，但这些政策却为巴基斯坦职业教育的发展绘制了蓝图，也算是进行了有益尝试，积累了一定的经验。随着巴基斯坦国家局势趋于稳定，相关政策不断落实，职业教育开始得到实质性发展。

---

① 赵勋．巴基斯坦职业教育政策发展探析［J］．职业教育：评论版，2022（18）：47.

② 同上．

四、职业教育管理机构

2005年，巴基斯坦成立国家职业与技术教育委员会（National Vocational and Technical Education Commission，NAVTEC），这是负责巴基斯坦职业教育改革的最高机构[①]。2011年，巴基斯坦议会通过了《国家职业与技术培训委员会（NAVTTC）法案》（NAVTTC Act 2011），成立了国家职业与技术培训委员会（National Vocational & Technical Training Commission，NAVTTC）[②]。从国家职业与技术教育委员会到国家职业与技术培训委员会，将“教育”改为“培训”，这一变化彰显了职业教育的技能培训功能，即职业教育有两项功能：学历教育和技能培训，而后者是巴基斯坦职业教育特别重视的领域，这是其产业发展技能需求所致。各省相继通过了《技术教育和职业培训局（TEVTA）法案》[③]。旁遮普省技术教育与职业培训局（Punjab Technical Education and Vocational Training Authority，PTEVTA）于2009年成立，2010年旁遮普省议会通过《旁遮普省技术教育与职业培训局法案》（The Punjab Technical Education and Vocational Training Authority Act 2010）[④]，为了让旁遮普技术教育与职业培训局能够更好地组织本省的职业教育活动，巴基斯坦从省级法律上确认其法律职责。之后其他省也相继成立技术教育与职业培训局，巴基斯坦从国家和各省法律层面确定了职业教育管理机构的地位和职责，形成了权威的职业教育管理体系。

国家职业与技术培训委员会按照法律赋权，制定国家职业教育政策与发展战略，建立职业资格框架、设计技术培训项目、认证技术标准和建设课程体系等顶层设计工作。国家职业与技术培训委员会的宗旨是“提供可

---

① 联合国教科文组织官网，National Vocational and Technical Education Commission Pakistan［EB/OL］.［2023-09-27］. https://unevoc.unesco.org/home/National+Vocational+and+Technical+Education+Commission.

② 联合国教科文组织技术与职业教育、培训国际中心官网，National Vocational and Technical Training Commission［EB/OL］.［2023-09-27］. https://unevoc.unesco.org/home/Explore+the+UNEVOC+Network/centre=2896#:～:text=The%20National%20Vocational%20and%20Technical%20Training%20Commission%20%28NAVTTC%29，linkages%20with%20reputable%20TVET%20entities%20around%20the%20world.

③ 赵勋．巴基斯坦职业教育政策发展探析［J］．职业教育：评论版，2022（18）：49.

④ THE PUNJAB TECHNICAL EDUCATION AND VOCATIONAL TRAINING AUTHORITY ACT 2010［EB/OL］.［2023-09-27］. http://punjablaws.gov.pk/laws/2429.html.

就业的技能，实现全民技能”（Skills for Employability，Skills for All），该委员会与企业、商会、雇主、专家、政府、国际组织等利益相关方协商，制定了《国家技能战略》（National Skills Strategy，NSS），并据此建立了国家职业资格框架（National Vocational Qualification Framework，NVQF）、教师资格体系、操作准则（Code of Conduct）、认证体系、职教人才资源政策、技术课程设计标准等[①]，为巴基斯坦职业教育提供了有力的国家制度保障体系。

各省级政府将省内各个职业院校和职业培训机构从其原有管理部门分离，专门成立独立的技术教育与职业培训局。该局根据各省的产业需求，落实国家职业教育政策，培养地方经济及社会发展需要的技术技能人才。旁遮普省技术教育与职业培训局整合旁遮普省七个部门的职业院校，目前该局下辖 403 所职业院校，提供 391 门基于需求的课程，教育时长分为三年、两年、一年、六个月、一个月五种形式，为 18 个经济区供给技能人才[②]。

信德省技术教育与职业培训局（Sindh Technical Education and Vocational Training Authority，STEVTA）于 2010 年正式成立，整合教育与文化、劳动、社会福利三个部门的职业院校，目前下辖 252 家职业技术与培训学院，涉及技术学院（College of Technology）、多科技术学院（Polytechnic Institutes）、单科技术学院（Monotechnic Institutes）、职业中心（Vocational Centres）、职业学校（Vocational Schools）等职业类院校和培训机构[③]。

俾路支省技术教育与职业培训局（Balochistan Technical Education and Vocational Training Authority，BTEVTA）于 2011 年成立，整合劳动与人力资源局、社会福利局、小型工业局、技术教育局四个部门的 15 所职业院校，为俾路支省 20 个区的 49 家培训中心开设 17 门职业技术课程[④]。

---

① 信息来自联合国教科文组织技术与职业教育和培训国际中心官网，International Centre for Technical and Vocational Education and Training，UNESCO，National Vocational and Technical Training Commission［EB/OL］.［2023-08-19］. https://unevoc.unesco.org/home/Explore+the+UNEVOC+Network/centre=2896.

② Punjab Technical Education & Vocational Training Authority［EB/OL］.［2022-05-14］. https://tevta.punjab.gov.pk/ptevta-at-glance.

③ Sindh Technical Education & Vocational Training Authority［EB/OL］.［2022-05-14］. https://stevta.gos.pk/institutes.aspx？ cat=GCT.

④ Balochistan Technical Education &. Vocational Training Authority［EB/OL］.［2022-05-14］. https://btevta.gob.pk/courses/.

将省内其他部门的职业院校整合到专门负责职业技术教育与培训的机构——省技术教育与职业培训局，有利于整合资源和提升管理的专业性。通过省技术教育与职业培训局整合职业教育资源，不同部门之间的协调和沟通都得到改善，有助于更好地开展技术教育项目的培训规划、资源分配和整体管理。专门机构可以建立统一的课程开发、教学模式和评估标准，确保不同职业院校之间教学质量的一致性，提高学生的就业能力。教师、基础设施和设备等资源得到合理整合，避免重复投入和资源浪费，能将节省下来的资源投入现代化设施和技术中，从而提升学生的技术培训质量。由于资源得到整合，职业教育力量得以加强，这将有效提升职业技术培训机构的声誉和认可度，并使其有能力与国际技术教育和职业培训机构建立联系，为对接全球化产业，实现国际认证打下坚实的基础。

五、职业教育学历架构

巴基斯坦国民教育体系中的职业教育在初中教育之后开始，学生初中毕业后会进入高级中等学校（Higher Secondary Schools）续继学习。这种教育分为两种，中等技术学校和预科学院。预科学院旨在为学生进入大学做准备，学生可选择“理科（Faculty of Science，FSc）、中级计算机科（Intermediate Computer Science，ICs）、文科（Faculty of Arts，FA）、中级商科（Intermediate Commerce，Icom）”[①]四类预科专业之一进行学习，预科专业方向应与大学专业方向保持一致。

学生初中毕业后也可进入中等技术学校，学制两年，毕业后可进入高等职业院校学习。中等技术学校和高等职业院校均为学历职业教育，属于巴基斯坦国民教育体系中的职业教育。中等技术学校培训的技术门类有机械、纺织、制造、手工等行业技能，由培训所在院校颁发“技术学校毕业证”（Technical School Certificate，TSC），国家或地区不组织统一考核；高等职业教育主要是工程技术学科和商科，生源主要来自中等技术学校的毕业生，学生中学毕业也可报考，由应用技术型大学和职业学院负责培养，

① 田雪枫. 巴基斯坦学校教育系统的概况、现状及特点研究［J］. 世界教育信息，2021：39.

学制二至三年，学生通过学习并经考核可获得副工程师文凭（Diploma of Associate Engineer，DAE）[①]。

DAE认证非常严格，考生报名需要取得科学学校证书（Science School certificate）、技术学校证书（TSC）、中学技术文凭（Matric Tech）或同等证书方能申请，入学主要考查英语、物理、数学和化学课程的成绩，三年学制，要求每年举办两次考试，一年级在任何一次考试中有两门课程成绩不合格就不能晋升二年级，接下来有12次补考机会，若还未通过将取消入学注册资格，不论什么原因，只要有一次补考缺考，就不再给予补考机会[②]。DAE证书划分为五个等级（见表2.1），判定的标准是各科目的总成绩达到满分的比例，达到40%为合格，超过80%为优秀[③]。

表2.1 DAE证书等级划分标准

总成绩	DAE等级	含义
≥80%	A+	优（Excellent）
70%—79%	A	很好（V-Good）
60%—69%	B	好（Good）
50%—59%	C	可以（Fair）
40%—49%	D	合格（Satisfactory）

此外，职业院校不仅为学生提供职业生涯咨询服务，还积极协助学生在国内、国际工作市场中寻找就业机会，以保障学生在获得DAE证书后能顺利就业，学生若有意创业可享受政府贷款方面的优惠政策。

中等技术学校经过考核有机会升格为高等职业院校，这体现了教育体系中的专业对接培养理念。然而中等技术学校生源升学依然有限，所以高等职业学校还需要从预科学院招生，但是预科学院教育注重理论知识的传授，而不是实际职业技能的培养，预科学院毕业生通常缺乏实际工作经

① 田雪枫. 巴基斯坦学校教育系统的概况、现状及特点研究［J］. 世界教育信息，2021：40.

② Punjab Technical Education & Vocational Training Authority［EB/OL］.［2022-05-14］. https://tevta.punjab.gov.pk/rules_and_regulations.

③ 同上.

验，没有明确的职业定位。高等职业学校通常更加注重技术技能培养，这使预科学院毕业生在进入高等职业学校后需要更多的时间来适应实践导向的学习内容和学习方式。

此外，高等职业学校的社会地位和声誉相对较低，不如普通大学受到广泛的社会认可和尊重。按照巴基斯坦《国家全民技能战略》的总结，技术教育一般“为学术上较弱的学生而设，技术工人总被认为缺乏教育，技术工作被赋予了较低的社会地位，这一领域的工资不仅低而且不稳定”①。预科学院学生的普遍目标是升入普通高等院校，而选择进入高等职业学校往往是出于自身学术能力不足而作出的无奈选择。因此，从预科学院升入高等职业学校的学生大部分属于在预科学院阶段学习较弱的学生，此类预科学院毕业生并不能被视为高等职业学校的优质生源。

高等职业学校的优质生源是中等技术学校的毕业生，这类学生通常已经接受了与职业相关的实际技能培训，具备实践经验和职业素养。中等技术学校是高等职业学校的基础，其课程和培训与特定职业领域密切相关，注重实践技能和团队合作能力的培养，相对于预科学院毕业生，中等技术学校的毕业生更有技能基础，对职业技术教育有认同感，更适合接受高等职业教育。

获得 DAE 证书的学生可以进入包括工程类大学在内的高等院校进一步深造，获得高等教育的学士及以上学位。不论是预科学院报考高等职业院校，还是 DAE 证书获得者报考工程类大学，均表明巴基斯坦职业教育与普通教育有对接的机制，这让对于自身教育类型不感兴趣的学生，有了再一次选择的机会，学生可以通过职普对接渠道，通过相关考核，进入感兴趣的院校继续学习，实现人生价值。

六、职业教育培训体系

巴基斯坦的职业教育除学历教育外，还有职业技能培训，可获得职

① Government of Pakistan. National “Skills for All” Strategy: A Roadmap for Skill Development in Pakistan [R]. Ministry of Federal Education & Professional Training, 2018: 21.

业资格证书，该证书分为三个等级（G1，G2，G3），每半年为一次进阶的培训时限，培训为期六个月，获得初级证书 G3，继续参加 6 个月的培训，可获得二级证书 G2，再培训六个月可获得一级证书 G1。因为巴基斯坦“还存在大量的失学和未受过教育的群体”[①]，所以职业教育培训是巴基斯坦国民接受教育的一个重要途径，而职业资格等级证书则是学生通过技能培训获得的国家认可、统一的资格，这是对学生在特定领域内所具备的专业技能给予的权威认可，可以向雇主出具职业资格证书，提高个人的就业竞争力。

据统计，2015—2016 年，巴基斯坦的职业教育与技能培训中心为 3 955 所，占各类学校总和的 1.3%，其中私立学校占 70%，公立学校占 30%，从事职业教育的教师人数为 21 903 人，占总教师人数的 1.3%[②]。可见，相对于普通教育，职业教育规模还是偏小，且公立占比较低，限制了技能人才的培养和供给，难以形成规模效应，导致巴基斯坦的高端技能人才短缺，不能满足其产业发展对技术技能人才的迫切需求。

私立职业教育机构更注重经济效益，追求利润最大化，将更多的精力放在招生上，在教学资源、师资力量和设备投入等方面节约成本，从而影响了人才培养质量，学生难以掌握高端技术技能，无法获得充分的实践机会和与行业接轨的教育。另外，私立职业教育机构对学生的就业指导和职业规划关注不够，导致学生在毕业后面临就业困难的情况，无法找到适合自己的职业发展方向。

由于财政支持不足，公立职业教育机构正面临资金短缺的问题，这使得它们难以购买和更新高端机器设备，学生在高精尖实践方面的提升受到了限制，无法掌握最新的技术和工作方法。这严重影响了职业技术教育与培训的质量，导致学生在就业市场上的竞争力下降，进而影响了职业院校的声誉和吸引力。

在巴基斯坦的职业教育体系中，学生在获得技能资格证书之后，还能

---

① 田雪枫. 巴基斯坦学校教育系统的概况、现状及特点研究［J］. 世界教育信息，2021（5）：40.

② 数据来自田雪枫的“巴基斯坦学校教育系统的概况、现状及特点研究”（第 43 页），百分比根据文中数据测算而得。

获得向更高学位进阶的机会，即拥有副工程师文凭的学生可以通过在应用技术类大学深造，来进一步攻读学士、硕士乃至博士学位，从而获得相应的工程类学位。

在学历方面，将职业教育独立设置于高中教育之后，其优势在于保障学生能够在具备较高的普通教育素养下进行职业技能学习。这种方式为职业技术教育提供了坚实的基础知识支撑，使其更容易理解和应用职业教育中的专业知识和技能，尤其对于需要扎实基础理论支撑的技术开发领域，高中阶段积累的知识显得更为有效。此外，高中毕业后，学生通常会更加成熟并且会更清楚自己的兴趣和职业目标，不少学生意识到职业教育可以帮助其获得实际技能和就业机会，因此更有动力和意愿去接受职业教育。与高中的理论学习不同，职业教育更加注重技术实践和实际操作能力，由于高中毕业生的动手能力相对较弱，他们需要一定的时间来适应职业技术的学习内容和培养模式。

我国职业教育体系始于初中毕业后的中职教育阶段，学生从中职进入高职、职业本科乃至应用技术大学。在此过程中，他们奠定了较好的技术操作基础，不仅在技能大赛中获得佳绩，还能够解决企业的技术难题。通过产教融合、职普融通的模式，这些学生逐渐成长为高端技术技能人才。我国的职业教育学历模式可以给巴基斯坦职业教育一定的启示，在稳固中职、高职教育的基础上，通过职普融通、产教融合、科教融汇的发展策略，大力发展职业本科、专业硕士、专业博士教育。这样做的目的是打造完整的职业教育体系，拓展职业教育人才的发展通道，横向上与普通教育优势资源共享，纵向上实现从中职到研究生的学历贯通。

第三章
巴基斯坦职业资格框架

为了确保不同地域获得的职业资格具有同等效力，巴基斯坦政府需要建立统一的国家职业资格框架，用同样的国家职业能力标准（Competency Standards，CSs）去评测、认证职业资格，为企业选择适合的技术技能人才提供重要的职业能力参考。国家职业资格框架是职业技术资格的国家分类体系，为职业技术教育与培训的质量提供制度保障，在国家职业资格框架体系内，通过纵向学分累积，横向等效能力转换两种路径，使受教育者获得基于国家标准的职业资格，通过标准化培养，提升国家技术技能人才质量，为产业发展供给技能型人才。巴基斯坦的国家职业资格是由企业根据职业技能需求，向职业资格标准委员会提出设立相应国家职业资格的申请，通过审核后向国家职业与技术培训委员会注册。除国内流程外，巴基斯坦还通过全球认可的技术与职业教育培训体系，联系国际职业资格机构审核、认证其核心标准，通过建构国际质量保障框架实现国家职业资格的国际互认。

一、国家职业资格的构建背景

进入 21 世纪后，巴基斯坦依然面临诸多不稳定因素，阿富汗与巴基斯坦边境地区的山脉和洞穴为藏匿提供了便利，使得塔利班组织在阿富汗战争后期得以逃至该地区，特别是在巴基斯坦西北边境省，如开伯尔－普什图赫瓦图省和俾路支省。他们在此建立了训练基地，并从事恐怖主义活动，这严重破坏了巴基斯坦的社会安全和经济发展，导致了教育落后，贫困与失业状况严重，有限的资源难以有效分配，社会不满情绪日益积聚。在此情境下，“超过70%的劳动者在非正规机构接受技能培训”[①]，这使得很多劳动者的技术水平难以适应市场需要。因此，对职业教育体系进行顶层设计，以培养适应巴基斯坦的产业发展需求，具备高度适应性的技术技能人才，显得尤为迫切。在此背景下，巴基斯坦于2009年实施了《国家技能战略》，开展了基于技术能力的职业培训，并建构了《国家职业资格框架》。

2009年世界银行发布报告《巴基斯坦国家职业资格重点和技术与职业教育培训》（NVQF Essentials and TVET in Pakistan），讲述了国家职业资格框架的基本组成部分和建设原则，并强调了该框架对巴基斯坦技术与职业教育培训的重要作用，旨在推动巴基斯坦职业教育体系的标准化、国际化建设。基于此，巴基斯坦国家职业与技术培训委员会争取到了德国国际合作机构的技术支持，并接受了欧盟的资金支持，开始着手“技术与职业教育”改革支持计划[②]。

国家职业资格工作组历经三年时间完成了《国家职业资格框架》初稿，随后征询了各省技术教育与职业培训局（Technical Education and Vocational Training Authority，TEVTAs）、行业检测理事会（Trade Testing Boards，TTBs）、技术教育理事会（Boards of Technical Education，BTEs）、旁遮普职业培训局（Punjab Vocational Training Council，PVTC），以及一些私营行业代表等各利益相关方的意见[③]。通过广泛征询各利益相关方的意见，建立起了利益相关方的共识和信任，促进各方积极参与框架制定，提升了其责任共享意识。

不同利益相关方代表不同的行业、领域和利益集团，其意见可提供多元

① National Vocational and Technical Training Commission. Pakistan National Vocational Qualifications Framework（NVQF）: To deliver a skilled and qualified workforce in Pakistan, Version 1［R］. Islamabad：NAVTTC，2015：7.

② 同上.

③ 同上.

化的观点和经验。通过广泛征询各利益相关方的意见，收集多元化的诉求，能确保国家职业资格框架的全面性与包容性。各利益相关方提供的意见均是基于实际操作和实施的经验，这有利于提高职业资格框架设计的适应性与可行性。根据收集到的意见，《国家职业资格框架》草案于 2014 年开始修订，并在 2015 年 3 月由巴基斯坦国家职业与技术培训委员会正式发布了《巴基斯坦国家职业资格框架——为巴基斯坦提供熟练与合格的劳动力》(Pakistan National Vocational Qualifications Framework NVQF：To deliver a skilled and qualified workforce in Pakistan)[①]，如图 3.1 所示。

图 3.1　巴基斯坦国家职业资格框架

二、国家职业资格等级

《国家职业资格框架》的任务是根据用人单位的技术需求，确定清晰的职业资格等级，为产业、行业、企业提供有效的技术能力参考。巴基斯坦职业资格等级由职业资格标准委员会 (Qualification Standards Committee，QSC) 设计和确定[②]，所有的职业资格等级严格按照《国家职业资格框架》等级水平要求进行分级，不同等级对应职业技术不同的能力标准。国家职业资格等级的划分为技术技能纵向学分累积提升，横向学习成果转换提供了专业标准。

根据巴基斯坦《国家职业资格框架》体系的设计，职业资格被分为九个级别（见表 3.1），0—5 级为技术与职业教育培训领域，6—8 级为高等教育领域。

---

① 其中文名称可简化为《巴基斯坦国家职业资格框架》。

② National Vocational and Technical Training Commission. Pakistan National Vocational Qualifications Framework (NVQF), version 1 [R]. Islamabad: NAVTTC, 2015: 18.

表 3.1 巴基斯坦国家职业资格等级结构[①]

等级	职业资格名称	教育领域
0 级	预备职业证书	技术与职业教育培训
1 级	国家职业 1 级证书	
2 级	国家职业 2 级证书	
3 级	国家职业 3 级证书	
4 级	国家职业 4 级证书	
5 级	副工程师文凭	
6 级	学士（技术、工程、科学、文学）	高等教育
7 级	硕士（技术）	
8 级	博士	

0 级为职业技术培训的预备阶段，零基础的学生通过接受培训和考评，能获得有限的工作过程知识，并能够在高级技术人员指导下进行一系列基础的工作：1 级是指学生已掌握了关于工作的初级知识，具备了执行简单任务的实用技能，能运用工具解决程式化问题，可在高级技术人员的直接监督下开展工作，具有一定的自主性；2 级是指学生对工作有了基本的知识掌握，具备了完成任务所需的基本实用技能，并能通过选择和应用适当的工具、方法和信息来解决问题，可在没有高级技术人员的直接监督下开展工作，拥有相对的自主性；3 级是指学生在工作领域具备了广泛的理论知识和实用技能，能完成多阶段任务，并能找到解决特定问题的最优方法，还能监督他人工作，并能规划、评估和改进工作过程；4 级是指学生掌握了工作过程的整体理论知识，具备了完成复杂任务的技术技能，能创造性地解决抽象问题，并监督工作全过程；5 级是指学生在工作领域拥有了高级的理论知识和专家级的技术技能，能完成复杂任务，应对工作中

① 该表引用了巴基斯坦职业与技术培训委员会 2015 年制定的国家职业资格框架，详情见 National Vocational and Technical Training Commission. Pakistan National Vocational Qualifications Framework（NVQF），version 1［R］. Islamabad：NAVTTC，2015：14.

不可预测的变化，并能创新性地解决复杂问题[①]。

职业资格等级是衡量技术技能复杂程度的标准，国家职业资格工作组根据国家职业资格各等级关于知识、技术和责任的要求，划定了1—5个等级。其中1—4级为从初级技术人员到掌握全面工作过程系统知识的专业技术人员的进阶过程。随着等级的提升，所需的知识、技能呈现进阶式发展，技术人员越来越倾向于全面、复杂的工作任务，一步步逐渐承担工作责任，从1级的直接监督，到2级的非直接监督，到3级的监督他人，到4级监督工作全过程，独立性逐渐增强。到了第5级，技术人员成为兼具高端理论知识和技术技能的专家，对工作全过程负有完全的责任能力，并可自主开发和设计工作过程，开展创新型工作。

达到5级后，学生可进入本科阶段继续深造。虽然研究生阶段的职业资格框架已经初具架构，但是尚未实际开发实施，因此目前只能依托普通教育开展研究生阶段的职业教育。这就可能给人一种印象，即职业教育在一定程度上低于普通教育。按目前巴基斯坦的职业资格等级结构，职业教育最高达到5级，这通常被认为是专科层次，之后学生要进入普通院校攻读本科学位。可见，巴基斯坦的职业教育体系还远未完善。从形式上看，即使学生达到了专家级的国家职业资格5级，其学历层次仍然还只是专科，从学历层次而言，仍旧低于普通教育。在目前家长、学生普遍注重学历的背景下，这种“专科天花板”式的职业教育对于优质生源的吸引力并不大。也正因为如此，巴基斯坦在《国家职业资格框架》中设计了高等教育阶段的6级学士、7级硕士、8级博士三个等级。未来在条件成熟时，将开展学士、硕士、博士阶段的职业技术教育，以构建完整的职业教育体系。在高端职业教育层级上取得突破，形成从0级预备职业资格到本硕博完整的职业技术教育体系，在技能逐渐提升的过程中，开展本硕博贯通式的学历教育，将有力促进职业教育的高质量发展，助力其成为一种独特的教育类型，独立于普通教育，这对于产业、企业的发展不可或缺，也将在国家教育体系中占据重要地位。

---

① 该表述参考了巴基斯坦职业与技术培训委员会2015年制定的国家职业资格框架等级描述，详情见 National Vocational and Technical Training Commission. Pakistan National Vocational Qualifications Framework（NVQF），version 1［R］. Islamabad：NAVTTC，2015：36.

三、国家职业资格证书设计的质量保障

国家职业资格证书作为职业资格的官方证明，在技术技能鉴定方面起到了权威的证据作用，这就要求证书的设计过程须遵循严格、有效的程序。巴基斯坦国家框架规定资格证书的设计需要经历三个环节，分别为技术需求分析（Skill Demand Analysis）、以大纲开发为目的的工作分析（DACUM Job Analysis[①]）、能力的标准化（Standardization of the Competencies）[②]。前者聚焦劳动市场，了解利益相关方的技术需求；中者着眼真实工作，了解工作过程涉及的技术任务，研究完成这些任务所需的技术能力；后者具体涉及职业资格（Qualification）、质量评判（Assessment）、教学大纲（Curriculum）的标准化[③]。

职业资格标准化过程涵盖了对特定职业进行全面的分析，旨在了解该职业所需的技能、知识和能力要求。这一过程涉及将所需能力划分为不同的能力单元，根据每个能力单元的复杂程度确定合适的培训时长，设计相应的培训课程并实施培训。学生的学习成果通过评测进行验证，合格者将获得职业资格证书，并可实现进阶发展和成果对等转换。

质量评判标准化要求在评判计划、程序验证、优化调整方面实现标准化，前者涉及明确评判的目标和要求，制定相应的评判标准，确定评判的具体步骤和流程，编制与评判相关的文件和表格；中者涉及选择适当的方法进行试验并记录结果，对验证试验的结果进行分析，评估评判程序是否满足标准化要求，对评判程序进行必要的修订和调整，确保其可靠性与有效性；后者收集评判过程中的反馈信息，分析评判过程中存在的问题和改进点，对评判计划和评判程序进行优化调整，提高评判的准确性和效率，定期复查评判标准和评判程序，根据需要进行更新和改进，确保其与时俱进。

教学大纲标准化涉及教学资源、教学模式、教学时长、教学装备的标

① DACUM 是 Develop A Curriculum（开发教学大纲）的缩写，详情见 National Vocational and Technical Training Commission. Pakistan National Vocational Qualifications Framework（NVQF），version 1 [R]. Islamabad：NAVTTC，2015：5，46.

② National Vocational and Technical Training Commission. Pakistan National Vocational Qualifications Framework（NVQF），version 1 [R]. Islamabad：NAVTTC，2015：26.

③ 同上.

准化。对于教学资源，根据教学目标和教学要求，确定所需的教学资源，建立教学资源的管理和维护机制，确保教学资源的有效利用和更新；对于教学模式，了解学生的学习需求和学习特点，设计适合的教学模式并开展教学实践，对教学模式进行评估，根据评估结果进行必要的改进和调整；对于教学时长，根据教学内容和学生的学习进度，设计教学时长的标准和规范，确定合适的教学时长，确保教学的充分性和有效性，并监控教学时长的实施情况，根据需要进行必要的调整和优化；对于教学装备，根据教学内容和教学模式，确定所需的教学装备，制定教学装备的使用规范和维护机制，确保教学装备的正常运行和安全使用。

设计国家职业资格首先需要调研和分析劳动市场的需求情况，并与产业、行业、企业等利益相关方深度沟通与合作，了解当前和未来的职业技术需求。在此基础上，分析技术能力的构成和要求，确定所需的技能、知识和态度，将技术能力划分为不同的模块，根据行业标准制定技术课程大纲，明确每个课程的目标、内容和教学方法，在此基础上与行业、企业合作，利用实际案例和实践项目开发相应的教学资源，根据教学实践和实习实训活动，并综合利益相关方的实际需求和期望，对教学资源和教学模式进行调整和优化，使之契合于国家职业资格培训要求。

职业资格证书由国家职业与技术培训委员会牵头负责开发、签发和调整。若想获得职业资格证书，申请者可以直接申请认证，这通常要求他们先前已接受过非正规的培训，或在工作中积累了一定的技术技能，但这种方式通常只能使申请者获得部分技能认证和较低的职业资格等级。若想获得高级别认证，申请者一般还需要参加由职业技能培训机构提供的正规培训。无论是认证机构还是培训机构，都必须符合国家职业与技术培训委员会颁布的《认证手册》中规定的标准。这些机构需经过国家职业与技术培训委员会联合省职业培训局、技术教育理事会、行业检测理事会的考核与认定，顺利通过后将获得认证和培训资格，但这种认证并非永久有效，还要接受国家职业与技术培训委员会的定期监督与评估，只有持续达标后方能继续保持其认证和培训资格[①]。评价与认证有专门的认证手册、操作手

① National Vocational and Technical Training Commission. Pakistan National Vocational Qualifications Framework（NVQF），version 1［R］. Islamabad：NAVTTC，2015：16.

册和标准化工具，以确保评价与认证过程在全国范围内的信度与效度。

四、国家职业资格管理系统的质量保障

巴基斯坦的国家职业资格管理体系分为国家和省级两个组织层面，国家层面由国家职业与技术培训委员会负责，省级层面则包括省技术教育与职业培训局、技术教育理事会、行业检测理事会①。这一体系要求国家与省级管理机构之间权责明晰、彼此协作，按照既定程序保障职业资格认证的有效性。具体而言，确定标准和质量保障是国家管理机构的责任，而职业技术教育和培训体系的实施和管理则主要是省级管理机构的职责。

巴基斯坦国家职业与技术培训委员会是职业技术教育与培训领域的国家级管理机构，只有经过这个委员会注册的职业资格才能被认定为国家职业资格。该委员会联合职业资格各利益相关方，通过实施严格的质量评估与检测，保障国家职业资格在授权、结构、管理和质量方面的权威性，从而确保获得职业资格的学生具备规定的职业技能，能助力雇主对技能人才的有效甄别，满足产业发展对技术技能人才的迫切需要。此举旨在使职业资格与国家产业技术、行业需求和专业设计实现紧密对接。

国家职业与技术培训委员会通过加入国际质量保障协会，积极推动国家职业资格的国际化进程，旨在确保职业技术培养与培训过程能获得国际认可。职业资格不是依赖培训学分、培训地域、培训机构、培训师资等传统因素来认定，而是按照国际惯例，以产出成果为判断依据，由成果判定职业能力，并确定职业资格。可见，巴基斯坦的职业资格注重真实能力，职业能力是通过工作分析后确定的能力标准来衡量的，而非单一能力，这组能力综合起来能确保相关人员顺利完成工作，具备这一组能力的人员便是达到了职业资格标准的要求。

巴基斯坦各省的技术教育与职业培训曾一直以零散的方式存在，并由不同的机构负责管理。如信德省“教育与扫盲部门管理 782 所学院，劳工

① National Vocational and Technical Training Commission. Pakistan National Vocational Qualifications Framework（NVQF），version 1［R］. Islamabad：NAVTTC，2015：17.

部门管理34所学院，社会福利部门管理16所学院”[①]。这些管理部门各自拥有一定的权力，合作并不紧密，缺乏整体的协调和统一的指导，导致各管理部门在职责划分和政策制定方面存在分歧和重叠，并且各部门之间还存在利益冲突的情况，更有甚者因此产生恶性竞争，最终影响职业教育的协调发展。基于此，巴基斯坦各省开始建立技术教育与职业培训局（TEVTA）来负责管理全省的职业技术教育与培训机构。

为提升省技术教育与职业培训局的独立法人效力，各省议会纷纷通过《省技术教育与职业培训局法案》（Technical Education and Vocational Training Authority Act），并由省长批准，按此法规行使管理职能，协调省内培训机构与相关产业的合作对接，处理职业技术教育与培训的相关事宜。

省级技术教育与职业培训局的职能包括与国家职业与技术培训委员会和产业、行业、企业合作，制定和实施职业技术教育与培训计划，制定课程标准、评测模式，为职业技术教育与培训机构提供政策指导、经费支持，制定人力资源招聘、管理政策，促进公立与私立职业教育机构合作，为学生提供实习机会，并通过监督和评估等方式加强对现有职业技术教育与培训机构的管理，根据是否满足市场需求可对培训机构实施关闭、合并、改进、提升等重要管理手段[②]。

技术教育理事会主要负责组织和管理各省职业教育与技术培训课程考核，根据产业对技术技能的需求，设计基于国家职业资格标准的课程体系，建立国际认可，行业、企业需要的课程评测体系和能力认证体系。该理事会还负责职业资格评测员的技能提升，评测员的技能评测水平要达到国家标准，方可得到认证，且认证有一定期限，之后需要重新认证。评测员是技术教育理事会授权的重要执行人，在标准执行方面发挥着能动作用，其角色在保障技能评测质量上至关重要。技术教育理事会还有权督促职业教育与技术培训机构，评估这些机构是否按照国家职业资格框架要求培养技术技能人才。

① Sindh Technical Education & Vocational Training Authority［EB/OL］.［2023-07-15］. https://stevta.gos.pk/history.aspx.

② The Sindh Technical Education and Vocational Training Authority Act，2009［L］. Sindh Act No. VIII of 2010：124-125.

根据巴基斯坦《国家培训条例》(1980年)的要求，各省相继成立行业检测理事会，旨在评测基于国家标准的技术能力，并在统一的标准下开展职业资格认证。在各省颁布《技术教育与职业培训局条例》之后，行业检测理事会陆续归入省技术教育与职业培训局管理，该局所有涉及职业技术技能的测试都由行业检测理事会负责。由此可见，该理事会已经成为职业技术教育与培训的专业评测机构，在国家职业资格认证中发挥着重要作用。

巴基斯坦的国家职业资格有严格的命名格式："职业资格类型(证书，文凭)+职业资格等级(1—5级)+职业"[①]，如国家职业资格证书3级电工。如前所述，1—4级为职业资格证书，5级为副工程师文凭。

国家职业资格附带有相应的学分值，用来衡量为达到某一职业资格的技能而必须参与的培训课时量。该学分值以学时量来计算，十个学时为一学分。学生通过技术能力评测后，即可获得成果学分，技术教育理事会和行业检测理事会就会将相关数据录入到国家成果记录信息系统(national achievement record information system)[②]。

我国的职业教育体系中也具有类似模式，即职业教育国家学分银行，该机构由国家开放大学承办，其核心在于建立一种学分累积、转换、认证机制。我国在这方面已取得了一定进展，特别是在高等教育层面，实现了职业教育学分与部分普通教育学分的互认，这标志着在推动职普融通方面有了进一步发展。然而，尽管如此，仍然存在很大的发展空间，未来需要将职业资格和文凭学位分为不同的层次和级别，使得两者可以相互对应，为不同类型的职业资格和文凭学位提供比较和转换的机会，这个转换过程需要根据具体的资格要求和学位标准进行详细设计与规定。

五、国家职业资格获取路径

国家职业资格的获取途径多样化，既可通过正规职业教育机构的培训项目获得，也可通过企业的在职培训或学徒制——边工作、边培训来获

① National Vocational and Technical Training Commission. Pakistan National Vocational Qualifications Framework (NVQF), version 1 [R]. Islamabad: NAVTTC, 2015: 18.

② 同上.

得。通过这些途径掌握的技术技能都可纳入国家职业资格认证体系，按照职业资格框架等级进行技术技能评测，合格者将被授予相应的职业资格证书。其中，通过正规培训机构学习来获得职业资格认证是最常见、最方便的途径。由于职业资格在 2015 年才得以正式确立并推行，先前经培训习得的技术技能，因为各种原因没有被认证，现在这些技能仍然可以通过“先前学习认证”（Recognition of Previous Learning，RPL）的方式进行补认证。对于那些没有经过专门培训，只是先前因从事相关技术工作而积累了技术技能的人员，他们可以通过“当前能力认证”（Recognition of Current Competence，RCC）的途径来获得职业资格认证。

这一做法打破了以往必须走正规培训渠道获取职业资格的僵化规定，给在职人员开辟了新的认证通道，体现了以技术技能本身为宗旨，而不局限在获得技术的形式上的理念。但是途径拓宽并不意味着标准放宽，尽管企业培训可能没有正规培训机构那样标准化的教学大纲和培训模式，但是企业培训项目及工艺流程仍需经过国家职业资格主管机构的认证。对于已具备技术技能而先前没有经过认证的人员，他们若想通过“当前能力认证”或“先前学习认证”获得相应的职业资格，不需要参加培训，只需向官方认证的职业资格评测机构申请技术评测，并根据要求提供先前从事技术工作的证明或先前参加培训的证据，以及雇佣者的证明信。随后他们将与评测员面谈，提出希望获得职业资格认证，而评测员会在审核相关证据的基础上，通过面试、答题、现场演示、完成任务等方式对其进行相关技术的评测。一旦评测合格，评测结果将被录入国家职业资格系统，并颁发相应的职业资格证书。

职业资格评测机构在进行认证时均是按照国家职业资格标准进行考核与评判，这使得相关人员在追求职业资格的过程中拥有了更多元化的选择。“当前能力认证”和“先前学习认证”两种方式有效避免了重复培训，为技术人员节省了宝贵的时间，并简化了认证程流。然而需要强调的是，国家职业资格的标准始终不会变，更不会降低。同时，必须指出的是，通过“当前能力认证”、“先前学习认证”通常只能获得部分职业资格的认证，往往还需要通过进阶式的培训，才能获得更高级别的职业资格认证。

综上所述，巴基斯坦的职业资格进阶路径框架如图 3.2 所示。

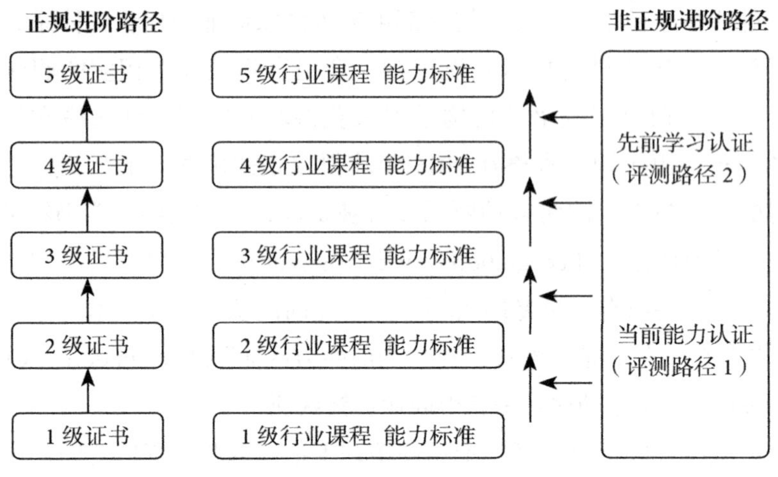

图 3.2 国家职业资格进阶路径框架[①]

六、国家职业资格评测体系

评测机构分为公立和私立两种类型，但无论何种性质，都必须具有"独立、可靠的评测能力"[②]。这些评测机构受国家职业与技术培训委员会委托，在国家职业资格框架确定的范围内，依法实施职业资格评测。需要进行职业资格能力评测的个人可通过认证机构向评测机构提出申请，评测机构会根据个人需求安排国家技能评测，参加国家技能评测的个人需要交纳一定的评测费。

评测员（Assessor）需要通过国家职业与技术培训委员会规定的培训项目，经考核方认定其具备进行国家职业资格评测的能力。只有获得国家职业与技术培训委员会认证的评测员才能向评测机构提出申请，注册加入国家职业资格评测员名单，之后方可开展特定能力单元的评测工作。若评测员希望扩大评测范围，需再次提出申请，并提供其具备其他单元评测能

① 根据五级职业资格设计，对《巴基斯坦国家职业资格框架》的进阶路线图进行了一定的修改，增加了 4 级和 5 级，并将非正规路径明确为"先前学习认证"和"当前能力认证"，详情见 National Vocational and Technical Training Commission. Pakistan National Vocational Qualifications Framework（NVQF）: To deliver a skilled and qualified workforce in Pakistan，Version 1［R］. Islamabad：NAVTTC，2015：23.

② National Vocational and Technical Training Commission. Pakistan National Vocational Qualifications Framework（NVQF）: To deliver a skilled and qualified workforce in Pakistan，Version 1［R］. Islamabad：NAVTTC，2015：41.

力的证明。评测员的资格具有一定的时效性，随着国家职业与技术培训委员会对评测标准和评测工具的更新与优化，评测员需要进一步提供新的能力证明，以保持其评测资格的最新状态。此外，评测员必须遵守相应的行为准则，如评测员不能参与培训过程，此要求主要是为了保障评测的公正性。若评测员违反了行为准则，如评测过程不专业，评测过程存在腐败行为等，将被国家职业与技术培训委员会取消评测资格，并可能由于违反其他专业行为规范而受到进一步的处罚。

在评测工作之初，评测员需要与相关行业代表联合开发一项针对职业资格的评测计划，设计该职业资格涵盖的各个能力单元的评测过程。国家职业与技术培训委员会公开提供所有的评测标准和国家能力评测工具，这些评测标准和评测工具在规定期限内有效。随着产业的发展需要，国家职业与技术培训委员会会定期更新其评测标准和评测工具。若更新后，发现评测机构仍使用旧的评测工具或评测标准，国家职业与技术培训委员会将给予该评测机构相应的处罚，并要求其使用最新的评测标准和评测工具为已接受评测的人员免费重新评测。

巴基斯坦的国家职业资格评测应用职业资格标准委员会开发的国家职业能力评测工具，按职业能力标准评测技能成果。职业资格评测主要基于职业能力，评测过程经由职业资格标准委员会验证，评测员必须在国家职业资格框架体系中获得认证，未经国家职业资格框架体系认证的评测员不得参与评测。被选用的评测员受国家职业与技术培训委员会委派参加职业资格能力评测，评测机构全程监督评测过程，若评测员的评测过程不符合标准，而评测机构又没有及时指出并纠正，一经查明，该评测机构会受到处罚，甚至会被取消其评测资格认证。

职业资格评测是保障职业资格质量的主要环节，评测内容主要为职业资格申请人的“技术、知识、态度”，评测形式包括“展示、模拟、作业、项目、创造、测试”[①]。可见，职业资格评测是对职业资格申请人的全方位评测，他的技术、知识、态度凝聚为技术成果，经过评测达标后，职业资

① National Vocational and Technical Training Commission. Pakistan National Vocational Qualifications Framework（NVQF）：To deliver a skilled and qualified workforce in Pakistan，Version 1［R］. Islamabad：NAVTTC，2015：20.

格申请人的成绩会被录入国家职业资格信息网，并授予其国家职业资格。

评测并不是与他人比较，而是将个人能力与职业能力标准比较。因此，评测没有通过比例要求，只要达到标准即可视为通过。评测结果只有通过与不通过之分，通过即表示申请人具备了职业资格要求的能力，否则便表示不具备。职业资格申请人申请评测的前提是具备相应职业资格能力，而不是完成了正规培训，拿到了培训学分。个人可以随时申请国家职业资格能力评测，而参训学生在培训过程中也可参加职业资格评测，一旦通过即可获得职业资格。但这并不意味着正规培训没有价值，正规培训是针对特定职业资格进行的专业职业技能培训，助力更有针对性的职业技能提升，可让申请人更系统地获得职业资格所要求的技术能力。并且国家职业能力培训机构还可进行内部能力预评测。学生在培训教师的指导下先完成内部评测，若发现有技术能力方面的缺陷，培训教师当场就可指出，并在其指导下有针对性地改进和提升特定的能力单元，从而确保学生能更顺利地通过国家职业资格能力评测。

未通过评测的申请人可以再次申请评测，且不要求参加正规机构的培训项目。但通常情况下，评测机构会建议申请人参加一些相关技能培训，或者在相关技术工作上加大技能实践力度，以便其能更有针对性地提升技术能力，以便顺利通过下一次国家技能评测。再次参加国家职业资格技能评测需要重新交纳评测费。

评测过程主要是根据国家职业资格标准对申请人拥有的特定技术进行评判，可以进行单项技术评测，也可将要评测的一系列技术整合到一个任务中进行整体评测。国家评测体系要求“公正、有效、一致”（fair，valid，consistent），巴基斯坦有专门针对评测的国家审核程序（moderation system），以确保国家评测体系内不同地域评测结果的一致性[①]。行业检测理事会、旁遮普职业培训局、技术教育理事会负责职业技术资格评测和评测结果审核。这些评测机构针对技术操作流程制定了详细的说明，评测员由这些评测机构来培训和考核，合格后持证上岗。

若评测过程、评测结果出现不符合要求的状况，技术教育理事会将向评

① National Vocational and Technical Training Commission. Pakistan National Vocational Qualifications Framework（NVQF）：To deliver a skilled and qualified workforce in Pakistan，Version 1［R］. Islamabad：NAVTTC，2015：21.

测员提供反馈，并就评测中容易出现的问题集中对评测员进行培训，使评测员明确哪些能力是符合标准可以接受的，从而保证评测员的能力处于不断优化的状态。此外，国家职业与技术培训委员会建立了评测结果取样机制，通过分批、分时段的方式对评测机构的评测结果进行取样研究，若发现标准执行出入过大，委员会将进行深入调查，并将结果反馈给评测机构。通过地方和国家两级审核，意在增强评测结果的一致性，提升国家评测体系的权威性。

每个工种的职业资格通常都由若干个能力标准构成。在进行职业资格评测时，首先是根据国家职业资格等级描述，测评各能力标准的等级，然后将各能力标准等级数相加计算平均数。根据巴基斯坦国家职业资格框架体系规定，平均数为 0—1.99 的为国家职业资格 1 级，平均数为 2—2.99 的为国家职业资格 2 级[①]。以此类推，该体系可评测认定五个等级的国家职业资格。

国家职业资格能力评测的结果由评测机构记录在册，并通过官方特定渠道将评测成绩递交给国家职业与技术培训委员会。对于达到国家职业资格能力标准的申请人会被授予特定等级的国家职业资格。同时，国家职业与技术培训委员会将根据评测成绩、评测工具、评测结果对评测机构进行监测，若发现评测中存在问题，将告知评测机构及相关的培训机构，督促其根据这些检测结果和评测问题采取措施予以整改，以便进一步提升评测的质量。

七、国家职业资格的等效性

随着国家职业资格框架的建立，同一等级的职业资格被视为具有等效性，并且等效的职业资格可以相互转换。在职业资格培训方面，所有正规的职业资格培训都按照职业资格培训教学大纲进行。这种教学大纲由职业资格教学大纲委员会（Qualifications Curriculum Committee）开发，该委员会由两位企业代表，3—5 位培训机构成员组成，他们共同设计教学大纲以确保培训能够产生符合能力标准的成果，同时，根据国家职业资格标准，他们会确定相应的学分值，最终的职业资格教学大纲由巴基斯坦国家

① National Vocational and Technical Training Commission. Pakistan National Vocational Qualifications Framework（NVQF）: To deliver a skilled and qualified workforce in Pakistan，Version 1［R］. Islamabad：NAVTTC，2015：38.

职业与技术培训委员会认证[①]。职业资格教学大纲的权威性有效提升了培训机构和企业职业技术培训的系统性。职业资格教学大纲规定了模块化项目的培训顺序和培训资源的开发程序，这意味着由同一职业资格教学大纲培养的技能具有等效性。无论是通过企业培训、学徒制、先前学习认定机制还是当前能力认定机制认证职业资格，都必须严格按照国家职业资格认证要求，在符合国家职业资格标准的前提下方能实现认证。

国家职业资格标准是由职业资格标准委员会根据特定行业需求，按照既定程序制定，这一过程一般经过基于大纲开发为目的的工作分析、能力标准的开发、能力单元的划分、职业等级的设定、职业资格学分的规划、获取路径的确定等多重环节，并要求由企业专家、教学大纲专家、学术专家、认证评测员等专家组成的团队进行开发，形成职业资格标准报告，最终提交国家职业与技术培训委员会进行注册[②]。职业资格标准委员会在开发职业标准程序时的严谨性，以及参与人员的权威性，保障了职业资格中对相同能力记录具有等效性。

同一级别的两个或多个职业资格可能具有共同的职业能力，拥有这种职业能力的人可以申请多个职业资格。在巴基斯坦现行的职业资格认定程序中，允许个人在申请不同的职业资格时，可以多次、重复使用同一职业能力的记录，这体现了学习成果的横向转换。

此外，对于同一技术工种的职业资格，某些较低级别的职业资格与较高级别的职业资格拥有共同的职业能力要求。这意味着，获得这种职业能力，它们既可在申请较低职业资格时发挥作用，也可在申请较高职业资格时被认可，这体现了学习成果的纵向转换。

通过横向与纵向的转换，可以为职业资格申请人节约大量的时间，让其将主要精力和时间用在新的、更高的职业技能的获取上。这一机制有力推动了国家职业资格的健康、良性发展，也从一个侧面彰显了国家职业能力认定上的合理性与权威性。

---

① National Vocational and Technical Training Commission. Pakistan National Vocational Qualifications Framework（NVQF）: To deliver a skilled and qualified workforce in Pakistan，Version 1［R］. Islamabad：NAVTTC，2015：44.

② 同上 37.

第四章
国家职业资格的开发、评估与管理

职业资格框架的实施需要专业的开发、评估和管理程序，除国家职业资格框架外，巴基斯坦还于 2017 年出台了三部手册，即《开发、注册、审核国家职业资格框架认证》(Developing，Registering and Reviewing NVQF Qualifications)《国家职业资格框架认证评测》(Assessment of NVQF Qualifications)《国家职业资格框架管理》(Management of the NVQF)，旨在为巴基斯坦提供有技术技能素养的劳动力 (To deliver a skilled and qualified workforce in Pakistan)。这三部手册与《巴基斯坦国家职业资格框架》密切相关，提供了实施国家职业资格框架所需的具体规范，确保了相关机构开发和注册的资格符合框架标准，评估过程公正准确，框架运行得到了有效管理。手册的实施可以确保国家职业资格框架的一致性和有效性，促进职业技术教育规范化，提升职业培训质量。

一、国家职业资格的开发

《开发、注册、审核国家职业资格框架认证》由国家职业与技术培训委员会于 2017 年 10 月发布，如图 4.1 所示。《开发、注册、审核国家职业资格框架认证》提供了开发和注册职业资格过程的步骤和要求，助力相关机构开发和注册符合国家要求的职业资格，确保资格的质量和一致性。

国家职业资格开发，主要由国家职业与技术培训委员会负责，关键是要确定能力标准和评测指南，首先要做的是“劳动市场需求分析”（Labour Market Demand Analysis）①。劳动市场需求分析直接面向职业需求市场，深度了解目标职业市场所需劳动的技能信息。在国家职业资格框架中，能力标准指特定职业角色在知识、技能和素养等方面所需的具体标准，能满足某类工作期待，胜任相关职业所必需的特定能力。能力标准是开发与行业要求相符的职业资格的基础，这一标准为评估和认证个体在特定职业中的能力提供了明晰化框架，因此有助于确保职业教育和技术培训项目标准的一致性，并确保受训学生在国内外就业市场上的认可度。评估指南是根据能力标准评价个体技术能力的一套指导性文件，该文件规定应使用的评估方法、评估工具和评估标准，用以评测学生在特定职业角色所需的知识、技能和素养。评估指南通常包括评估类型、评分标准、评估绩效标准、评测员标准和能力支撑证明等有关评估过程的信息，旨在澄明技术能力的期望和要求，以确保评估过程的有效性、一致性和公正性。

图 4.1　手册 1. 开发、注册、审核国家职业资格框架认证

（一）国家职业资格开发概览

国家职业资格的注册需要经历一系列流程，第一步要进行劳动市场技术需求分析，了解国内外目标劳动市场的就业机会、技术需求以及详细的职业信息，形成职业资格意愿；第二步是向国家职业与技术培训委员会提

① National Vocational and Technical Training Commission. Manual No.1：Developing, Registering and Reviewing NVQF Qualifications［R］. Islamabad：NAVTTC，2017：1.

交开发国家职业资格的意愿，并获得批准；第三步由国家职业与技术培训委员会建立职业资格开发委员会（Qualification Development Committee，QDC），明确其职责范围和工作任务；第四步是通过职业分析开发能力标准；第五步是开发评估指南；第六步由国家职业与技术培训委员会认可、批准能力标准和评估指南，并注册为国家职业资格，如图 4.2[①] 所示。

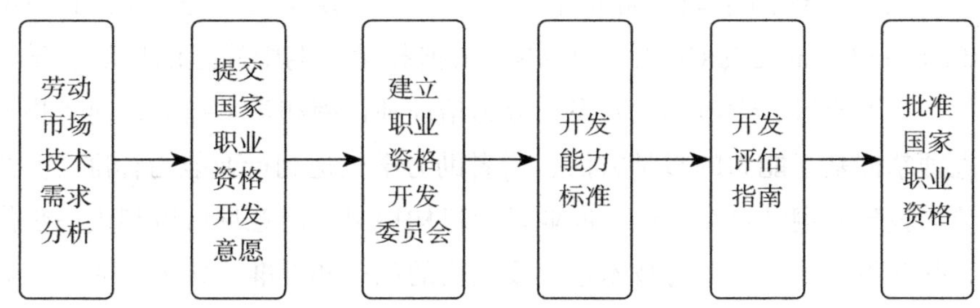

图 4.2　国家职业资格开发过程

国家职业资格经过国家职业与技术培训委员会审批后，对外公布并在国家职业与技术培训委员会注册。职业教育与技术培训需要以注册的国家职业资格为标准，开发教学大纲。开发过程涉及四个步骤：第一步为确定能力标准，包括能力单元（Competency Unit）、绩效标准（Performance Criteria）、知识和理解；第二步为开发基于能力的教学大纲，相关行业协会根据国家要求设计课程教学大纲初稿；第三步为产业的反馈与验证，征求行业技术委员会（Sector Skills Councils，SSCs）和培训机构的反馈意见，在此基础上优化课程教学大纲；第四步为最终确定教学大纲[②]。能力单元是指特定技术技能可测量的构成要素，在基于能力的职业教育与技术培训中作为构建模块而存在，一个培训模块构成一个能力单元。绩效标准是指特定技术能力所期望的具体指标，表现为个人为满足规定的标准需要展示的具体技能行为。绩效标准具有一致性，用于评估个人所具有的实际

---

① 本文的国家职业资格开发过程图根据《开发、注册、审核国家职业资格框架认证》所设计的国家职业资格开发过程图制定，详情见 National Vocational and Technical Training Commission. Manual No.1：Developing，Registering and Reviewing NVQF Qualifications［R］. Islamabad：NAVTTC，2017：1.

② National Vocational and Technical Training Commission. Manual No.1：Developing，Registering and Reviewing NVQF Qualifications［R］. Islamabad：NAVTTC，2017：2.

技能，以确定其是否达到了技术能力要求。绩效标准为衡量职业资格所需要的技术能力提供了明确的参照。

教学大纲确定之后，就需要教学实践，分为教与学两个部分。为了达到教学大纲所要求的能力标准，职业技能的教与学也需要按照一定的规范进行，因此教师授课和学生受训指南便是下一步开发的内容。在《开发、注册、审核国家职业资格框架认证》中，培训师和学生指南（The Trainers and Learner's Guides，TLGs）根据教学大纲中描述的模块、学习单元、学习成果、学习元素开发，分为培训师指南和学生指南，前者指导培训师掌握基于能力的教学方法，后者助力学生达到行业能力标准[①]。此环节的教学大纲已经在企业、职业教育机构提出反馈意见后得到进一步优化，并获得了国家职业与技术培训委员会的认可和批准。相关企业、职业教育与技术培训机构开发培训师和学生指南，形成草稿后由“企业根据确定的标准进行审核”[②]，培训师和学生指南经优化后予以定稿。巴基斯坦将培训师和学生指南的审核权交给企业，从实际用人单位的角度提出修改意见，能让指南更加贴近实际，同时职业技术教育与培训机构，以及相关教师和学生的意见，也是重要的优化路径。另外，培训师和学生指南的初稿不能仅从文件中去修改，还需要经过技能培训实践，在实践中不断完善。培训师和学生指南初稿经过企业、职业教育与技术培训机构、职业教育教师和学生在培训实践、技能应用、技术人才使用过程中的不断修改、不断优化，最终形成培训师与学生指南终稿，在相关职业院校推广应用。

（二）市场需求分析与职业资格开发

开发国家职业资格框架的前提是进行劳动市场需求分析，获得劳动市场需求的途径是多元的，包括但不限于“国家技术信息系统（National Skill Information System，NSIS）、商业与工业联合会（Chambers of Commerce and Industry，CCIs）、贸易协会、行业技术委员会、公立和私立培训提供者、

① National Vocational and Technical Training Commission. Manual No.1：Developing，Registering and Reviewing NVQF Qualifications［R］. Islamabad：NAVTTC，2017：2.

② 同上.

技术教育委员会、省技术教育与职业培训局、巴基斯坦劳动力资源调研、巴基斯坦统计局、国际劳工组织、世界经济论坛、世界银行、亚洲开发银行、联合国教科文组织”等[①]。根据这些途径确定国内外劳动市场的需求，巴基斯坦国家职业资格开发并非只面向国内市场，国际市场也是其发展范围，尤其是目标国的职业技能需求，是巴基斯坦劳动市场需求分析尤其重视的领域。

完成劳动市场需求分析后，开发国家职业资格的组织会填写“职业资格开发表格”（Qualification Development Form，QDF），向国家职业与技术培训委员会提交职业资格开发申请[②]。国家职业与技术培训委员会收到申请后，在两周内完成审核，首先在国家职业资格数据库中查询，确定是否已有相关职业资格“已经存在、正在开发或正在筹划中”，“核验所提供的劳动市场需求分析和相关文件的正当性与合理性”，并填写国家职业资格申请表[③]。若已有相关职业资格注册，或者在规划中，会告知申请者，若劳动市场需求调研分析不充分，会通知申请者补充材料，若不符合开发职业资格的规定，国家职业与技术培训委员会将拒绝相关申请。若申请获得认可，国家职业与技术培训委员会将在咨询相关产业和申请者的基础上，组建职业资格开发委员会，并对外公布[④]。职业资格开发委员会由“国家职业与技术培训委员会成员、六名产业代表、六名私立和公立培训提供者代表、一名本行业认证的基于能力培训的评测员组成”[⑤]。政府机构、产业代表、学校代表、评测员的构成整合了职业资格各利益关联方的意见，更加注重评测的科学性与可行性。

职业资格开发委员会的职责范围包括确定“职业分析小组（Occupational

---

① National Vocational and Technical Training Commission. Manual No.1：Developing，Registering and Reviewing NVQF Qualifications［R］. Islamabad：NAVTTC，2017：3.

② 职业资格开发申请需附上劳动市场技术需求分析，作为国家职业资格开发申请的支撑根据，详情见 National Vocational and Technical Training Commission. Manual No.1：Developing，Registering and Reviewing NVQF Qualifications［R］. Islamabad：NAVTTC，2017：4.

③ National Vocational and Technical Training Commission. Manual No.1：Developing，Registering and Reviewing NVQF Qualifications［R］. Islamabad：NAVTTC，2017：4.

④ 同上.

⑤ 同上.

Analysis Panel）和职业概貌绘制实施者（Facilitator for occupational profiling）”，组织研讨会以分析职业状况并绘制职业概貌图，该委员会还负责确定参与能力标准开发和评估指南开发的行业专家，通过研讨会的形式确定能力标准和评估指南，并对“能力标准和评估指南进行行业验证”，之后提交国家职业与技术培训委员会审核[①]。职业分析小组一般由经验丰富的技术工人组成，负责明确各自职业领域的职责与任务，即由一线技术工人直接作为分析对象，并根据不同的技术层级，划分出不同的职业资格等级，并绘出职业概貌图。

能力标准的制定聚焦“职业中一名技术工人在工作场所应展示的技能、知识和态度”，“侧重于工作场所对工人能力的期望”，开发包括“绩效标准、基础知识和理解、资格级别、进阶和成果要求、获取途径、对等和其他条件的能力标准包”[②]。能力标准的制定需要产业给予审核，确保所确立的能力单元是产业发展与运行中不可或缺的要素。

职业资格开发委员会根据最终确定的能力标准开发评估指南（Assessment Guides），评估指南分为单个能力标准评估指南和整个职业资格的总结性评估指南（Summative Assessment Guide for Assessment of Full Qualification）[③]。每个能力标准都有一个相应的评估指南，此评估指南旨在概述评估该能力标准的准则、方法及程序。总结性评估指南，对整个职业资格所需的所有能力标准给予整体性评价，这一综合性指南提供了一个全面的评估框架，用于考量期望获得完整资格的个人的整体能力。这些评估指南最终要经过产业验证，并报国家职业与技术培训委员会审批，通过后录入国家职业资格注册系统。

国家职业资格一经批准，国家职业与技术培训委员会需要将其登记入国家职业资格注册表。在此过程中，应“设定一个审核日期，根据国际教育标准分类（International Standard Classification of Education，ISCED）分

① National Vocational and Technical Training Commission. Manual No.1：Developing，Registering and Reviewing NVQF Qualifications［R］. Islamabad：NAVTTC，2017：4–5.

② 同上 5.

③ 同上 6.

配代码，并通知利益相关方”①，以便他们可以以此组织相关培训，进而申请并获得职业资格认证。这一流程在国家职业资格框架手册 1《开发、注册、审核国家职业资格框架认证》中得到了明确阐述，由国家职业与技术培训委员会规定了国家职业资格的注册过程，如图 4.3② 所示。

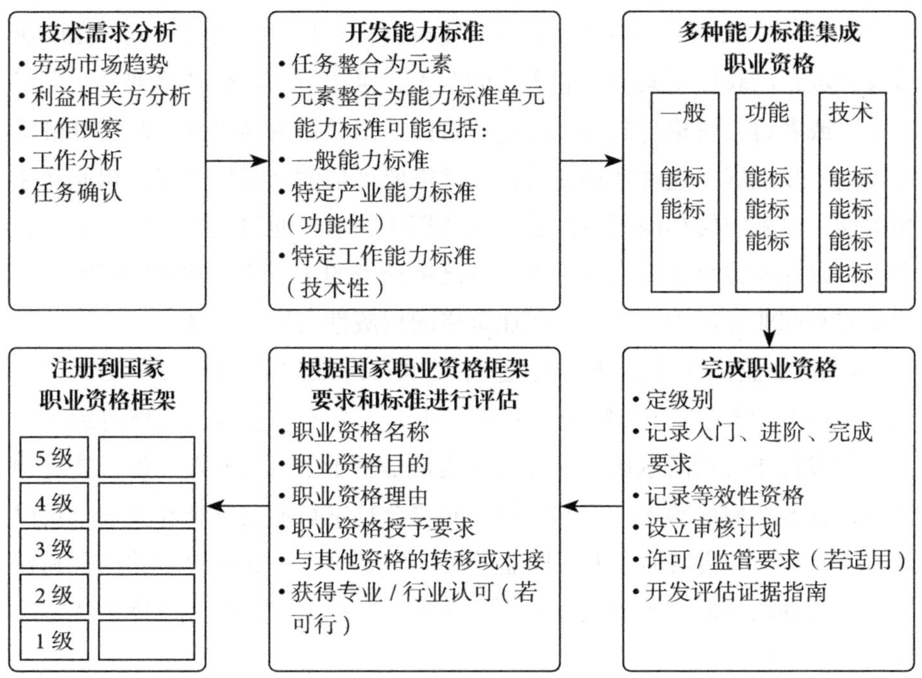

图 4.3　国家职业资格注册过程

开发评估证据指南（develop assessment evidence guides）是职业资格培训中的重要环节。评估的目的旨在测试学习者的培训成果和技术能力。评估证据指南是为评估过程提供指导性的文件，包含评估所需的证据类型、证据标准和评估方法。通过制定评估证据指南，可以确保评估过程的

---

① National Vocational and Technical Training Commission. Manual No.1: Developing, Registering and Reviewing NVQF Qualifications [R]. Islamabad: NAVTTC, 2017: 7.

② 此图根据国家职业资格手册 1《开发、注册、审核国家职业资格框架认证》翻译并编辑而成，“能标”是能力标准的缩写，详情见 National Vocational and Technical Training Commission. Manual No.1: Developing, Registering and Reviewing NVQF Qualifications [R]. Islamabad: NAVTTC, 2017: 7.

一致性与公正性。

职业资格评估需要根据国家职业资格框架的要求和标准进行，国家职业资格框架是一套用于评估和认可个人职业技能的准则，这个评估过程用于确定一个人在技能、知识和素质等方面是否符合国家特定职业资格的要求。

职业资格的转移和对接（Transfer/articulations with other qualifications）指的是将一个职业资格与另一个职业资格进行转移或对接的过程。在职业教育领域，已获得了某个职业资格的个人，希望将其资格转移到另一个资格上，或者将其资格与其他资格进行对接，以获得更高级别的职业资格认可或进一步发展。这种转移或对接通常需要评估两个资格之间的相似性和相关性，以确定转移的可行性或可能的衔接要求。通过实施转移和对接，个人可以在不重复学习的情况下，将已经获得的学习成果和资格应用于新的学习和职业发展中，提高了职业资格的权威性与可持续性。

获得专业 / 行业认可（若适用）（Professional/industry recognition if applicable），指的是在特定的职业或行业中，个人的能力和资格得到了专业组织或行业机构的承认。这种认可通常是基于个人的专业知识、技能和经验，在该领域取得了一定的成就，并符合特定行业的标准和要求。获得专业 / 行业认可会增加个人在职业发展中的竞争力，获得更多的机会和权威性。这种认可通常需要通过参加专业考核、提交工作样本或满足特定的资格要求来获得。

完成职业资格（Completing the qualifications）指的是能力标准集成的相关程序，首先按照国家职业资格五级分类体系为职业资格定级别，确定职业资格入门、进阶、完成阶段的相关要求。同时，确定等效性资格转换与对接的要求，设计许可及监管要求，并开发评估证据指南。开发评估证据指南是一个系统化的过程，其目的在于确保评估过程公平、有效，并有利于产出期望的学习成果。这就需要评估具体的学习成果，验证其是否与课程项目的目标相一致。接下来，设计与学习成果相适应的评估方法，并建立评估学习成果的明确标准，这些标准应具体、可衡量，并与所期望的熟练程度相一致。此外，还需要确定可以收集的证据类型，以证明学习成果的达成，这包括技术任务产出、实际项目集成等。为了有效评估学习者的知识、技能和素养，应开发真实、有意义的评估任务，让学习者有机会展示其能力。最后，创建评估指南，为评测员和学习者提供关于如何完成评估任务的明确说明，包括有关标准、所需证据和其他期望的信息。

（三）基于能力的课程开发与国家职业资格审核

开发基于能力的教学大纲旨在架起“能力标准与培训 / 教学项目实际交付的桥梁”[①]。国家职业与技术培训委员会致力于开发基于能力的教学大纲，意在与产业需求实现紧密对接。基于能力的教学大纲能够保证职业教育所教授的知识技术与产业当前和未来的需求相一致，基于这种教学大纲所培养的学生能够满足就业市场的需求。基于能力的课程设计旨在培养与工作岗位直接相关的实际技能，提升学生的就业能力，为其提供高质量的就业机会。基于能力的课程为评估学生的技能表现提供了清晰的框架，能更客观地评估学生的技术技能。目前许多国家已经采用了基于能力的教育体系，巴基斯坦通过开发基于能力的课程，不仅有助于其职业教育体系符合国际标准，还确保了其劳动力在全球市场上具备竞争力。

基于能力的教学大纲的开发不仅限于国家职业与技术培训委员会和省技术教育与职业培训局，还可以是其他机构，以上任一机构均可组建由“国家职业与技术培训委员会代表、行业代表、培训机构专家、职业技术教育教师、行业认证评测员”组成的“教学大纲开发委员会”（Curriculum Development Committee，CDC）[②]。基于能力的教学大纲的开发者不一定是职业教育主管部门，因为一线的产业、行业、企业、职业院校往往更了解教学大纲的需求与构成。国家职业与技术培训委员会代表是负责监督职业技术培训的政府机构，其角色主要是就课程开发提供国家政策、法规和标准方面的指导，确保课程与国家职业教育的总体目标和优先事项相一致。行业代表主要来自与培训项目相关的各个行业，其角色主要是提供行业特定的趋势信息和员工所需的技能要求，以确保课程能反映行业当前的需求。私立和公立培训机构的专家主要是这些职业教育与技术培训机构中经

---

① National Vocational and Technical Training Commission. Manual No.1：Developing, Registering and Reviewing NVQF Qualifications [R]. Islamabad：NAVTTC，2017：8.

② 同上.

验丰富的专业人士，这些专业人士将其在教学设计、教学法和课程开发方面的专业知识带到委员会，通过分享最佳实践、创新教学方法来提升教学大纲开发的质量。

职业技术教育教师代表凭借其在相关行业培训中的实践经验和专业知识，为课程开发提供特定技能、技术和知识所需的见解。他们通过确定适当的学习成果、精选培训内容和评估方法，为课程开发做出重要贡献。行业认证评测员则是专门从事职业能力评估的专业人员，其主要任务是确保课程与相关行业的能力标准相一致。他们利用评估工具评估课程的有效性，确保学习成果既可衡量又符合行业要求。总体而言，教学大纲开发委员会的成员通力合作，共同开发与行业相关的综合性教学大纲，以满足学习者、雇主和整个职业技术教育系统的需求。由于不同成员带来了独特的观点、专业知识和实践经验，因此确保了教学大纲与国家标准、行业要求和企业需要相一致，并且能有效转化为职业技术培训，做到可操作、易评估。

教学大纲开发委员会的职责包括“检查职业资格、能力标准和资格等级确定课程要求，设计能够达到能力标准和职业资格的教学大纲，为每个学习单元分配学分值，确定职业资格的学分值，为培训手册编写、评估资源构建提供支持性说明，确保教学大纲得到产业认可”[①]。教学大纲开发委员会主要通过合作、研究和验证等系统化的流程来履行职责。首先是检查教学大纲是否符合职业资格、能力标准和资格级别的要求，分析教学大纲所遵循的资格等级和能力标准，确定其与国家标准的差距，了解教学大纲在知识、技能、素养方面需要改进的地方。其次是基于职业资格和能力标准，设计与国家职业资格要求相一致的课程，根据行业需求确定学习成果、教学内容、教学方法和评估模式。第三是确定学分值，根据单元内容的复杂性与重要性，为每个能力单元确定一个学分值，多个能力单元构成一个能力标准，并据此确定该能力标准的整体学分值，为职业技能培训和职业资格等价互换提供了操作框架。此外，还提供支持性说明，以帮助培训师和指南撰写者有效实施教学大纲。这些支持性说明主要是对评估背景、核心

① National Vocational and Technical Training Commission. Manual No.1：Developing，Registering and Reviewing NVQF Qualifications［R］. Islamabad：NAVTTC，2017：8.

重点、评估条件等所需资源的指导，以确保评估过程公正、有效。最后，是确保课程能够得到行业验证。他们会与产业、企业合作，收集对教学大纲的反馈，并基于此完善和改进教学大纲，确保其与行业当前和未来的需求保持一致。通过遵循这些步骤并与利益相关方合作，教学大纲开发委员会能够确保开发的课程既符合国家职业资格要求的标准，又满足产业发展对技术技能的需求，从而保证学习者能获得行业所需的技术技能。

教学大纲开发委员会按照既定程序开发基于能力的教学大纲。首先，指定一名课程协调员（a curriculum facilitator），在其指导下，根据教学大纲指南和国家模板，开发课程初始草案；其次，征询行业技术委员会、培训提供者等利益相关方对课程初始草案的反馈意见；再次，组织相关产业开展研讨会，从课程整体目标、模块排序与时间分配、学生入学水平与教师资质、学习成果与学习要素可评价性、适当的工具、设备与消耗品清单和评估指南等方面审查教学大纲草案①。开发教学大纲初稿时，课程协调员需要协调课程开发过程，要求使用国家模板，确保初稿的结构、格式和内容符合国家职业与技术培训委员会的相关规定，保持不同课程的一致性和连贯性，并便于实施。课程协调员与学科专家、行业代表、培训师合作开发教学大纲，确保培训内容、模块顺序、教学策略能融合各利益相关方的专业知识，从而使教学大纲符合职业能力标准。此外，课程协调员还收集利益相关方的反馈意见，分析反馈意见并将必要的改进纳入教学大纲，以满足行业不断变化的需求。

通过这一系列严格的程序，教学大纲草案质量得以不断提高，并经过持续调整以达到优化的状态。最终确定的版本会被提交给国家职业与技术培训委员会审核，由其上传到国家职业资格注册系统②。国家职业与技术培训委员会聘用相关领域的专家，根据规定的能力标准和资格框架评估教学大纲，确保其涵盖所需的知识、技能和素养。国家职业与技术培训委员会还通过产业界的反馈进一步验证教学大纲的适应性，以确保大纲与行业需求的紧密对接。教学大纲经过国家职业与技术培训委员会的审查和修正

① National Vocational and Technical Training Commission. Manual No.1：Developing, Registering and Reviewing NVQF Qualifications [R]. Islamabad：NAVTTC，2017：8–9.

② 同上 9.

后，就会上传到国家职业资格注册系统，并对外开放。之后职业院校要遵照执行这一教学大纲，以培养符合国家标准和行业需求的技术技能人才。

职业资格审核主要是针对国家职业资格，按常规流程，一项国家职业资格在运行三年后将接受审核评估，不过，也可以根据提交的检测报告和评估报告中的建议，提前启动这一审核过程，审核主体为"国家职业与技术培训委员会或开发该职业资格的组织"，审核日期会被录入国家职业与技术培训委员会数据库中，并在其官方网站上公示[①]。可见，巴基斯坦国家职业资格的审核是对外公开的，并要求利益相关方积极参与。产业、行业、企业、雇主、职业技术教育机构等利益相关方提出的反馈意见都是评估的重要参考。设置三年的审核评估期是为了确保职业资格与不断变化的行业标准和就业市场需求保持相关性（三年通常被认为是一个合理的时间段，足以让一个特定行业发生重大变化）。同时，这一评估期也为获得职业资格的个人提供了足够的时间去应用所学的职业技术，而企业也能在此期间提供有效的应用反馈。这在保持职业资格时效性的同时，也避免了给职业院校和学习者带来过于频繁变化的压力，从而在两者之间构建了一种平衡。

利益相关方需将针对职业资格的意见填到"职业资格审核表"（Qualification Review Form），并提交给国家职业与技术培训委员会，后者"整合反馈意见，并将其提交到职业资格开发委员会，职业资格开发委员会将根据反馈意见审核职业资格"[②]。职业资格开发委员会是由政策、知识和技能专家组成的团队，其主要职责是开发国家职业资格。他们对国家职业资格的市场需求和开发过程最为熟悉，因此能够准确理解、分析并基于反馈意见提出职业资格优化建议。这也使得该机构成为国家职业和技术培训委员会在处理职业资格反馈意见时的首选机构。职业资格开发委员会根据反馈意见对国家职业资格是否需要修改，需要进行怎样的修改，以及如何实施这些修改提出有效建议。由职业资格开发委员会处理反馈意见有助于确保职业资格符合行业标准和就业市场需求。由于职业资格开发委员会评估主体并非单一实体，

---

① National Vocational and Technical Training Commission. Manual No.1：Developing, Registering and Reviewing NVQF Qualifications [R]. Islamabad：NAVTTC，2017：11.

② 同上 .

而是由多方专家组成，这在很大程度上保证了审核过程的公平与客观。

职业资格开发委员会按照资格审核标准开展国家职业资格审核工作，职业资格审核标准主要由需求（Demand）、资格（Qualification）、等级（Level）、评估、教学大纲、等效性（Equivalences）等部分组成①。需求层面主要考虑对职业资格的需求是否充分，分为市场需求和接受培训需求，针对前者设计了雇主对毕业生质量和就业评级的满意度，后者则涉及培训机构的数量和成果达成率在市场需求方面的满意度；资格层面主要考虑相关性（Relevance）和能力，前者指职业资格总体意向与地方、国家、国际区域技术需求的相关性以及与先前的职业分析图（Occupational Profiling Chart）是否依然相关，后者指能力标准、技能覆盖范围、技能清晰度是否满足要求；等级方面主要考虑国家职业资格框架的等级划分是否依然适合；评估方面主要考虑评估要求是否适合职业资格等级，可否证明能力标准达成，评估决定是否接受国家协调系统的调整；教学大纲层面主要考虑是否能达成要求的职业能力，涉及模块顺序、课程内容和时间安排；等效性层面主要考虑与其他国家职业资格的等效性是否合理，促进职业资格横向和纵向等效转换②。国家职业资格经过评审，若不需要修改，则在国家职业与技术培训委员会官网对外公布结果，通知利益相关方评审结果，并标识出下一次评审的时间。若需要一定的修改，则要求职业资格开发委员会按照要求进行修正、优化，在国家职业与技术培训委员会数据库中更新能力标准、教学大纲、等级要求等，并在官网做出说明。若职业资格已经不适合产业发展需要，则按照规定程序撤销此职业资格，在官网刊发声明，并按照产业需求做好新职业资格的开发工作。

二、国家职业资格的认证评估

2017 年 10 月，巴基斯坦国家职业与技术培训委员会发布手册 2《国家职业资格框架认证评估》(Assessment of NVQF Qualifications)，如图 4.4 所

---

① National Vocational and Technical Training Commission. Manual No.1: Developing, Registering and Reviewing NVQF Qualifications [R]. Islamabad: NAVTTC, 2017: 11-12.

② 同上.

示，旨在澄明开展国家职业资格评估的相关准则，提供了评估的标准、方法和程序，规范了国家职业资格评估过程，确保了评估结果的有效性、权威性。评估的基本程序是，学生通过各种途径掌握职业技能后，进入国家职业能力评估系统进行考核，通过后即可获得国家职业资格证书。学生获取职业技能的途径不仅仅是通过正规的职业院校教育与培训，还包括企业学徒制学习、企业短期培训课程、工作实践等途径。可见，职业技能获得的途径是多元的，但若想获得国家职业资格认证，标准只有一个，且不可变通，因为只有这样才能保证国家职业资格的权威性。

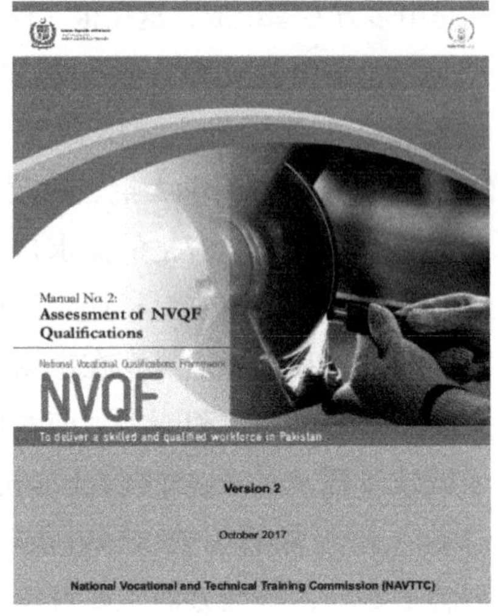

图 4.4　手册 2. 国家职业资格框架认证评估

（一）国家职业资格评估概览

手册 2《国家职业资格框架认证评估》制定了系统的职业资格评估操作程序，如图 4.5[①] 所示。国家职业资格评估操作程序中，首先是确定职业资格评测员，评测员应经过专业培训获得国家评测证书，并在国家职业资格评测员系统注册。其次是认可职业资格授予委员会，由国家职业与技术培训委员会公布职业资格标准和能力标准，由职业资格标准委员会或国家认证和监管委员会（National Accreditation and Regulatory Council，NARC）[②] 和国家职业与技术培训委员会验证培训包，监督评估过程，评测员进行评估后将结果反馈给评估中心，后者将结果上传到国家职业资格信

① 该图来自手册 2《国家职业资格框架认证评估》，详情见 National Vocational and Technical Training Commission. Manual No.2：Assessment of NVQF Qualifications [R]. Islamabad：NAVTTC，2017：15.

② 这两个机构与国家职业与技术培训委员会共同负责制定资格标准、验证评估包并监管认证机构。

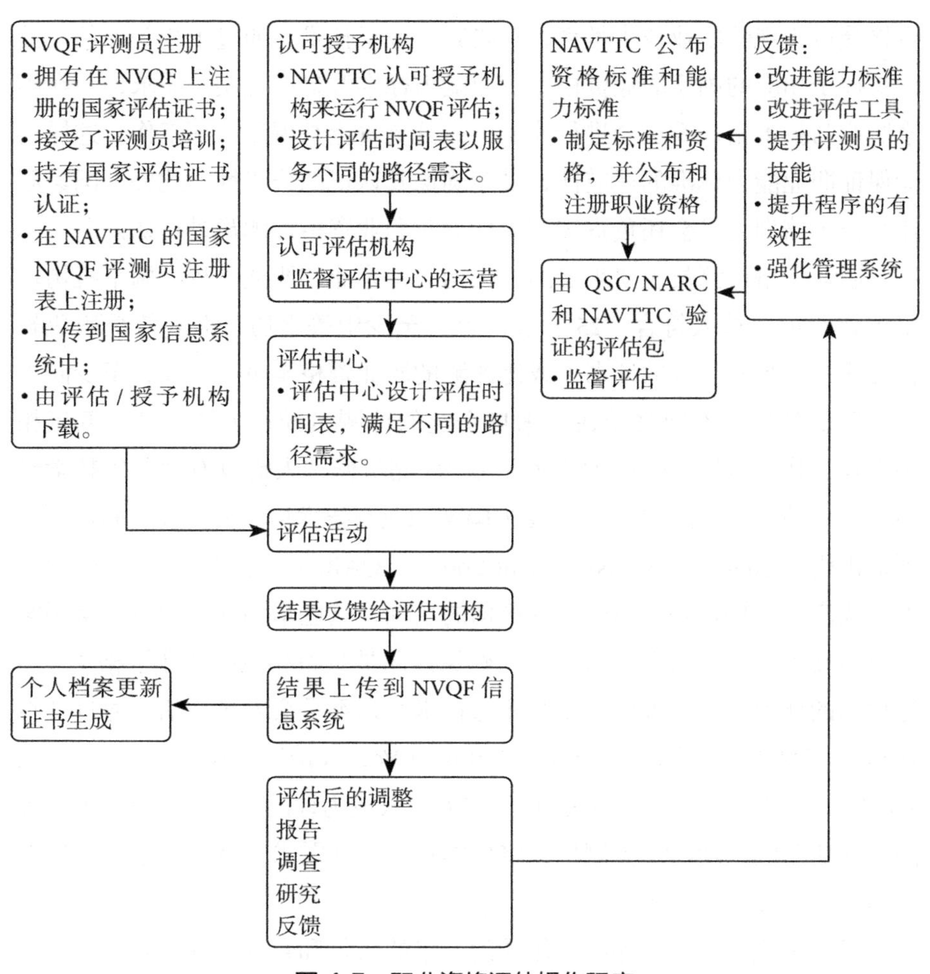

图 4.5　职业资格评估操作程序

息系统，从而更新资格候选人个人档案，并生成证书。评估的完成并非意味着全部工作的结束，接下来还需要对评估过程进行调查、研究，并撰写评估过程报告。报告中的问题应及时反馈给相关部门，以便进一步改进能力标准和评估工具。同时，还需不断提升评测员的专业技能，以保障评估过程的准确性与一致性。此外，强化系统管理，提升程序的有效性，优化各个程序，都是进一步提升职业资格评估质量的关键。如此循环，能够不断推动职业资格评估过程的优化与进步。

国家职业资格评估给予了技术技能人才有效认证，不管技能持有者是否接受过正规的职业技术教育，只要其掌握了技术，通过了相关评估，就能被授予相应的国家职业资格。职业能力标准源自产业实际需求，并在国家职业与技术培训委员会进行注册，由其负责组织评测认证工作，这样既能保证职业能力标准的适应性，又能确保其认证的公正性。此外，国家职业与技术培训委员会还负责按相应标准对职业资格评测员进行认证。

职业资格评测员主要来自两个机构——企业和职业院校。两个机构均要求评测员候选人符合“25 岁及以上、至少中等学历、拥有传统职业教育文凭（至少六个月的证书）或比评测的职业资格至少高一级，至少同等层级”的条件，不同之处在于来自企业的评测员候选人“需具有五年相关产业工作经验”，而来自职业院校的评测员候选人需具有“三年教学经验”①。评测员候选人还需要接受由国家职业与技术培训委员会、职业资格评估机构（Qualification Assessment Bodies，QABs）、省技术教育与职业培训局或产业，特别是卓越中心等机构的培训，这些培训项目均需获得国家职业与技术培训委员会的认可，以确保评测员具备相应的职业资格②。经过培训的评测员候选人由国家职业与技术培训委员会安排评估，通过者将获得国家培训与评测职业证书（National Vocational Certificate in Training and Assessment）③。至此，评测员候选人正式成为评测员，并被录入国家评测员注册系统，随后，评测机构将根据资格评估需求，从这一系统中选择合适的评测员。

评测员执行的相关评测工作受到严格的监督和管理。受测者有权对评测过程中的违规行为进行举报，这一评估体系设有专门的“调整机制”④，从而保证了评测过程的公正性和评测结果的权威性。可见，巴基斯坦的国家职业资格评估严格依照职业标准，有着严密的评估体系，评测员、职业资格授予委员会、职业资格信息系统各司其职，并在国家职业与技术

① 以上要求是认证评测员（Certified Assessor）的要求，除此之外还有领军评测员（Master Assessor），要求“必须具有大学学历和 10—15 名职业资格候选人的评估经验”，详情见 National Vocational and Technical Training Commission. Manual No.2：Assessment of NVQF Qualifications [R]. Islamabad：NAVTTC，2017：4–5.

② National Vocational and Technical Training Commission. Manual No.2：Assessment of NVQF Qualifications [R]. Islamabad：NAVTTC，2017：4.

③ 同上.

④ 同上 2.

培训委员会的统一领导和协调下，共同保证了国家职业资格评估的高效运行。

（二）职业资格授予委员会与评估机构

为了保证国家职业资格评估的质量，参与国家职业资格培养、评估和授予的机构都要根据认证标准进行严格的认证，未通过认证的不能开展相关工作。具体而言，国家职业资格培养机构指的是职业技术教育机构（TVET Institutions），国家职业资格评估机构是评估中心（Assessment Centers），而颁发职业资格证书的机构是国家职业资格授予委员会（Qualification Awarding Bodies，QABs），这三类机构的层级不同，职业资格授予委员会位于上阶，由国家职业与技术培训委员会认证，职业技术教育机构和评估中心位于下阶，由上阶的职业资格授予委员会给予认证①。职业资格授予委员会负责设计、开发国家职业资格，制定国家职业资格评估标准和指南，确保资格符合行业、产业、企业的需求，对评估中心和职业技术教育机构进行认证和监督，并为通过评测的候选人办理职业资格证书。

评估中心是由职业资格授予委员会批准进行国家职业资格评估的机构，其职能包括根据能力标准和评估要求对职业资格候选人进行评估，确保评估过程公平，评估结果具有一致性，保存职业资格候选人评测过程中的成果，并向资格授予机构报告评估结果。职业技术教育机构提供国家职业资格培训课程和培训项目，其职能包括按照国家职业资格标准向候选人提供必要的知识培训和技能指导，同时为候选人参加评估做好支持服务工作，与评估中心合作，确保评估过程顺利进行，根据实际评估过程和结果确定培训项目的有效性，并进行必要的优化。总体而言，通过职业资格授予委员会、评估中心、职业技术教育机构的共同努力，确保了国家职业资格评估的质量，保证了职业资格在满足行业需求上的相关性和有效性。

为了更好地实行国家职业资格评估，国家职业与技术培训委员会与职业资格授予委员会共同组织职业资格评估能力建设工作坊（Capacity

① National Vocational and Technical Training Commission. Manual No.2：Assessment of NVQF Qualifications［R］. Islamabad：NAVTTC，2017：5.

Building Workshop），以此提高职业资格授予委员会和评估中心相关从业人员的国家职业资格评估能力，具体涉及选取评测员、监督评测过程、上传评估数据、处理评估后的申诉、管理先前学习认证等[①]。职业资格评估能力建设工作坊有效提升了相关管理和工作人员在国家职业资格评估过程中需要的技能和知识储备。该工作坊涵盖了职业资格授予委员会和评估中心的认证流程、认证标准等内容，以便帮助所在机构获得认证并通过审核，同时有效利用国家职业资格注册系统遴选合格的评测员。在评估前，评估中心需要完成一系列必要的准备和程序，以便在评估期间能实施有效监控和检查，以确保评估活动符合职业资格评估要求。此外，评估中心还负责管理评估数据和评估信息，确保评估记录准确上传和定期更新。

职业资格评估能力建设工作坊使相关工作人员深入了解了如何对具备能力的候选人授予国家职业资格的认证程序，以及评估候选人先前学习经验的程序。同时，该工作坊还涵盖了处理评估过程中候选人申诉的程序，审查评估标准执行的一致性，并综合评测员和利益相关方的反馈，以不断改进国家职业资格评估流程。通过这一系列的能力建设培训，职业资格授予委员会和评估中心的相关评估能力获得提升，确保了国家职业资格评估的质量和有效性。

（三）职业资格评估与资格证书颁发

职业培训机构在提供技术培训的同时，还要对学生的能力标准成果进行评估。评估内容需记录在"国家职业资格培训项目成果总结表"（NVQ Training Program Achievement Summary）[②]。每位学生都需要完成相关成果的评估，并达到能力标准要求。只在在成果评估合格后，学生才能参加综合性评估（Integrated Assessment），也称为总结性评估（Summative Assessment）。

总结性评估活动涵盖评估前准备、评估实施、颁证、再次评估以及应对投诉等多个环节。在评估前的准备环节，"评估中心或职业培训机构在

① National Vocational and Technical Training Commission. Manual No.2：Assessment of NVQF Qualifications [R]. Islamabad：NAVTTC，2017：5.

② 同上 17.

学生入学后需要尽快将填好的国家职业资格注册表通过国家职业资格注册系统（NVQ Registry System）在线发给职业资格授予委员会，职业资格授予委员会安排评估日程，遴选并确定评测员或评测小组，下发评测员评估证据指南（Assessment Evidence Guide），以确保所有候选人的工作站、所需工具、设备和消耗品均满足要求”，职业培训机构“根据评估证据指南填写候选人的模块评估记录”（Record of Modular Assessment）①。通常情况下，职业培训机构也承担评估的职责，但前提是必须经过认证。职业培训以获得职业资格为目的，因此从学生入学之日起，职业培训机构就要填写职业资格注册表，并及时将其上交职业资格授予委员会，由其根据实际情况安排职业资格评估日程，并告知评估中心、职业培训机构、评测员和职业资格候选人等。评测员由职业资格授予委员会从系统中根据所属行业、资格等级要求遴选，按每一组候选人数量不多于 20 人的标准确定评测员的数量，在征得评测员同意后，告知评测员职业资格评估的相关安排。

在评估实施环节，评测员会向候选人介绍评估证据的指南原则，并根据这些原则来执行职业资格评估工作，评估结束后，评测员会汇总评估结果，并就候选人的职业资格作出最终决定，确保“最迟在次日将结果上报给职业资格授予委员会”②。评测员会根据候选人完成的成果来判断其是否具备相应的能力，对于不具备能力的候选人，他们可以选择将来继续参加资格评估，也可以就评估中可能存在的违规行为提出申诉。通常情况下，评估中心会建议候选人在接受相关培训之后再进行职业资格评估，但再次参加培训并非再次参加评估的先决条件，候选人可以根据个人意愿决定是否再次参加培训。每次参加评估，候选人都需要缴纳一定的评估费用。

评测员会将总结性评估结果提交给职业资格授予委员会。若候选人的评估成绩合格，职业资格授予委员会将审核相关表格和佐证材料，确认无误后将“更新国家职业资格注册系统的记录，并将相关信息上传到该系统”③。

---

① National Vocational and Technical Training Commission. Manual No.2：Assessment of NVQF Qualifications［R］. Islamabad：NAVTTC，2017：8.

② 同上 6–7.

③ 同上 7.

在颁证环节，候选人会同时收到成绩记录和职业资格证书。模块的形成性评估由培训师负责完成，并将结果上传到国家职业资格注册系统，若候选人全部模块均合格，“国家注册系统将自动生成其成绩记录”；若模块并未全部合格，而候选人无意继续参加培训或者打算以后再考虑，培训机构“可以通过国家职业资格注册系统为其生成成绩记录”[①]。可见，巴基斯坦的能力标准成绩记录设计得非常人性化，不论候选人通过了几个能力标准，都可获得成绩记录，且这些记录由计算机自动生成，不需要签字和盖章，从而节约了时间成本。通过总结性评估的候选人将在“2—4个星期内”收到由职业资格授予委员会颁发的国家职业资格证书，若证书丢失，候选人可以申请“重复发证”；若证书内容需要修改，则可以申请颁发更新后的证书[②]。

职业资格证书在颁发后，可能会因出现额外或更新的信息，或是由于证书适用的标准或法规发生变化，进而影响到其认证范围。在这种情况下，可通过申请修订证书来体现这些变化，以确保职业资格的合规性、信息的准确性和证书的有效性。

三、国家职业资格的管理

手册3《国家职业资格框架管理》(Management of the NVQF)由国家职业与技术培训委员会于2017年10月发布，如图4.6所示。巴基斯坦国家职业资格框架手册3旨在为机构和行业有效管理国家职业资格框架提供指导，涵盖了资格框架的质量监管、信息管理、合作伙伴关系协调等方面，以确保框架的有效实施。《国家职业资格框架管理》保证职业资格框架的实施质量，这部分由“管理质量保证”和“监测与评估”两部分组成，由“国家职业与技术培训委员会联合省技术教育与职业培训局、资格授予机构和其他公共与私立职业技术教育机构予以管理”[③]。

① National Vocational and Technical Training Commission. Manual No.2：Assessment of NVQF Qualifications [R]. Islamabad：NAVTTC，2017：7.

② 同上8.

③ 同上1.

为了促进国家职业资格框架有效运行，国家职业与技术培训委员会建立了“国家职业资格框架管理委员会（NVQF Management Committee，NMC）来对其进行管理和提供整体的政策方向”[①]。在国家职业资格框架管理委员会中，由国家职业与技术培训委员会执行主任（Executive Director）担任主席，国家职业与技术培训委员会的社会科学和文化部总干事、行政与协调部总干事作为主要成员，其中社会科学和文化部总干事还兼任秘书，其他成员还包括资格授予机构主席、省技术教育与职业培训局主席、私营部门职业技术教育提供者、商会（Chamber of Commerce & Industries，CCLs）代表、产业代表、人力资源开发部和职业技术教育机构领导[②]。国家职业资格框架管理委员会是一个非实体单位，由国家职业与技术培训委员会负责组建并作为秘书处每季度或根据需要[③]组织相关成员开会研究、解决国家职业资格框架在运行过程中出现的相关问题。由于其成员来自政府、产业、行业、企业、职业院校等国家职业资格利益相关方，相关政策的制定必须考虑到各方的利益。

图 4.6　手册 3. 国家职业资格框架管理

（一）国家职业资格管理概览

国家职业资格的具体管理机构是国家职业资格框架支撑单位（NVQF Support Units，NSUs），这一机构由“国家职业与技术培训委员会、省技术教

① National Vocational and Technical Training Commission. Manual No.3：Management of the NVQF[R]. Islamabad：NAVTTC，2017：2.

② 同上 3.

③ 参加成员达到总数的三分之二方能正式开会，详情见 National Vocational and Technical Training Commission. Manual No.3：Management of the NVQF[R]. Islamabad：NAVTTC，2017：3.

育与职业培训局、资格授予委员会和私营行业技术教育服务提供者等组成，旨在管理和协调国家职业资格的执行”[①]。国家职业资格框架支撑单位分为国家层面和省级层面，国家层面的NSUs由国家职业与技术培训委员会组建，省级的NSUs由省技术教育与职业培训局、职业资格授予委员会和私营职业教育机构组成，国家级的NSUs联合省级的NSUs开展国家职业资格政策的执行工作。

国家级的NSUs协调和联络省级的NSUs召开“国家职业资格框架管理委员会会议，并协助执行委员会的决议”[②]。国家职业与技术培训委员会设有标准、系统、认证部（Standards，Systems，and Certification Wing，SS&C Wing）和职业资格授予与认证部（Awarding and Certification，A&C），前者专门负责制定和维护职业资格标准，国家级的NSUs主要与其协调，处理职业资格开发、注册、审核的相关程序，管理认证流程，后者是负责国家职业资格的授予和认证的机构，为保障职业技术培训的质量，国家级的NSUs与“职业资格授予委员会一起管理技术教育教学大纲委员会，保证国家职业资格的一致性”[③]。技术教育教学大纲委员会旨在检测和协调巴基斯坦职业教育教学大纲，与国家级的NSUs和职业资格授予委员会合作，确保国家职业资格的对等性，以及职业技术教育培训内容和标准的一致性。

此外，国家级的NSUs还负责与“国家职业资格注册机构和国家技术信息系统联系，更新和上传国家职业资格数据”，并根据“检测报告和评估报告，对国家职业资格进行审查和修改”[④]。省级的NSUs按照国家级的NSUs的要求，开展相关工作，确定未来的技术需求，编制财政预算，以支持国家职业资格有关活动的开展。

① National Vocational and Technical Training Commission. Manual No.3：Management of the NVQF[R]. Islamabad：NAVTTC，2017：4.

② 同上5.

③ 同上5.

④ 同上5.

（二）职业资格的等效性管理

国家职业资格的生命力在于其等效性，这是提升国家职业资格认可度的基石。等效性确保了持有国家职业资格的个人能在不同的背景下获得证书的广泛认可，这种认可能够在不同行业、地区甚至国界实现无障碍流通。在此基础上，证书持有者得以进一步接受更高层次的教育和培训，这不仅提升了劳动力市场的活力，也促进了职业技术教育的可持续发展。

为此，国家职业与技术培训委员会明确界定了国家职业资格等效性的范围。这不仅包括本国职业资格框架内的职业资格等效性和国际化等效性，还涵盖了“国家职业资格与传统持续的职业教育课程（traditional on-going VET courses）的等效性”，以及“国家职业资格与普通教育和高等教育资格 / 水平的等效性”[①]。传统持续的职业教育课程是指在国家职业资格框架正式确立之前就已经存在并至今仍在运行的职业教育与技术培训课程，如巴基斯坦传统职业教育中的 G1，G2，G3 等级，其中每培训半年可以获得一个等级证书，G3 为初级证书，G2 和 G1 分别为二级和一级证书。国家职业资格作为新兴的国家层面设计，必须要与这些传统的等级证书建立等效互认的关系。同时，国家职业资格与普通教育、高等教育资格的等效性，是建立职普融通机制的重要路径。这意味着，获得职业教育资格可以折算为普通教育、高等教育的学分，同样在普通教育、高等教育获得的相应学分也应在职业教育与技术培训中得到等同的学分认可，从而助力学生更快速地获得职业资格。

据此，国家职业资格要在四大领域实现其等效性：首先，是在国家职业资格框架内部；其次，是在国内外职业资格之间；再次，是在国家职业资格与传统职业资格之间；最后，是在国家职业资格与普通教育、高等教育资格之间。为了有力推动国家职业资格的等效性认定，巴基斯坦于 2011 年通过法案（第 7 条（g）款），授权国家职业与技术培训委员会“管理和界定国内外机构所颁发的文凭及证书的等效性”[②]。

① National Vocational and Technical Training Commission. Manual No.3：Management of the NVQF[R]. Islamabad：NAVTTC，2017：7.

② 同上 .

国家职业与技术培训委员会要求技术教育主席和主任委员会（The Committee of Chairmen and Directors of Technical Education，CCDTE）承担起管理、决定及授予上述四大领域职业资格等效性的重要职责，通过与各教育委员会主席联席委员会（The Inter Board Committee of Chairmen，IBCC）和高等教育委员会（Higher Education Commission，HEC）紧密合作，共同制定“与普通教育和高等教育资格等效性相关的规则、标准或等同性列表”[①]。技术教育主席和主任委员会作为汇集了该国技术教育机构和组织负责人的平台，在推动技术教育政策、课程开发及质量保证等方面的合作与协调中发挥着重要作用。此次，该委员会被赋予了新的使命，即推动职业资格在四大领域的等效性认定。教育委员会主席联席委员会是由巴基斯坦各教育委员会的主席组成，其主要目的是推动各教育委员会在考试和评估系统上的统一和标准化。各教育委员会主席联席委员会不仅负责处理不同委员会颁发的证书和资格的等效性问题，以促进学生在巴基斯坦国内和国际间的顺利流动，还在课程、评估和考试改革等政策的制定和实施中发挥着重要作用。这一组织作为各教育委员会之间合作和协调的平台，有力促进了教育系统的一致性和公平性。

为有效实施国家职业资格等效性项目，技术教育主席和主任委员会进行了进一步重组，现由国家职业与技术培训委员会代表、资格授予机构主席代表、省级技术教育与职业培训局或旁遮普职业培训局代表、技术专家等四部分组成[②]。这一重组是为了确保技术教育关键利益相关者能得到全面代表，并促进其之间的深度合作。其中，国家职业与技术培训委员会的代表确保了国家层面负责技术教育与职业培训的国家监管机构能积极参与，这一机构在国家政策方面的深厚专业知识将为决策过程提供有力支持。资格授予机构主席的参与则可以协调监管机构和资格授予机构之间的工作，从而确保职业技术教育体系的一致性。同时，省级技术教育与职业培训局或旁遮普职业培训局的代表可以确保地区的相关利益得到充分考虑，有利于解决省级层面面临的需求与挑战。而技术专家代表则凭借其在

① National Vocational and Technical Training Commission. Manual No.3：Management of the NVQF[R]. Islamabad：NAVTTC，2017：7.

② 同上.

特定技术技能领域的专业知识，为技术教育的相关政策制定提供有力指导，保证课程设计的质量。通过汇集这些利益相关者，技术教育主席和主任委员会旨在促进深度合作，交流等效理念，并实施集体科学决策，以共同推动巴基斯坦的技术教育和职业培训的发展与进步。

为实现以上四个领域的国家职业资格等效性，技术教育主席和主任委员会与“资格授予机构、行业技术委员会、省技术教育与职业培训局、旁遮普职业培训局、私立职业技术教育服务提供者以及各教育委员会主席联席委员会”开展了紧密的协调合作，共同制定了“等效原则、等效标准和等效对应表”，旨在确保等效性认定的准确性和一致性，此外，该委员会还负责设计并批准所有等效性申请处理程序，“编制申请表格和确定申请提交的说明”，以确保在这四个领域的国家职业资格的等效性能够得到充分保障和实现①。

职业资格等效性受理机构是“国家职业与技术培训委员会、省技术教育与职业培训局、旁遮普职业培训局或职业资格授予委员会下属的国家职业资格支持单位”，申请等效性认定的个人可向以上四类国家职业资格支持单位中的任意一家提出申请，若提供的材料完整无误，将被转交给国家职业与技术培训委员会国家职业资格支持单位做进一步处理，这一国家层面的职业资格支持单位将“在接到申请的十个工作日内，对申请表格及其所附材料进行严格审核。审核过程将严格遵循等效规则和标准，最终审核结果将及时告知申请人”②。

若申请需要进一步的技术讨论，国家职业与技术培训委员会的国家职业资格支持单位会根据职业资格的类别，组建由相关专家组成的技术委员会（Technical Committees），负责确定职业资格的等效性，并将结果提交给技术教育主席和主任委员会进行最终裁定③。在国家职业与技术培训委员会中，技术委员会在处理国家职业资格等效性方面起着重要作用。技术委员会负责评估来自国内外不同渠道获得的资格和技能，以确定其是否与

① National Vocational and Technical Training Commission. Manual No.3：Management of the NVQF[R]. Islamabad：NAVTTC，2017：8.

② 同上.

③ 同上.

国家职业资格框架具有等效性。为此，技术委员会首先要制定评估等效性的标准和流程，评估方法和评估标准在不同的培训机构之间应保持一致和公正。基于这些评估，技术委员会会判定该资格是否能达到等效性认定标准，若尚未达到等效性认定标准，将指导候选人如何在国家职业资格框架内获得等效性认可的途径。

技术教育主席和主任委员会将根据技术委员会的建议做出关于资格等效性的决定，并会提议国家职业资格委员会发布相关公告，以便及时通知申请人。申请人若对结果持有异议，可以向国家职业与技术培训委员会提出申诉，后者会重新组建一个新的技术委员会，对职业资格的等效性进行再次评估，并会基于评估结果再次做出决定。值得注意的是，第二次决定是最终决定，申请者将不再拥有对此决定进行上诉的权利。

（三）国家职业资格监管

当前，巴基斯坦的职业教育正在逐步迈向以能力为导向的培训与评估体系，这一转变标志着国家职业资格框架的引入，从而使职业教育体系发生了根本性变化。然而，尽管如此，传统的职业教育体系在很多层面依然平行运行着[①]。究其原因，新的国家职业资格框架一时还无法取代旧的职业教育体系，这是因为一方面向基于能力的培训和评估方法的过渡是一个渐进的过程，并且要求在基础设施、教学大纲、教学方法和评估流程方面进行较大改革，这些都需要时间逐步完成；另一方面，一些利益相关者对传统体系更为熟知，省力原则无形中也导致新体系推行缓慢。以上两个原因造成了传统职业教育体系与新的国家职业资格框架并行发展的态势。

为保障国家职业教育体系的质量，监管与评估就变得非常重要。具体做法是“从利益相关者处获得关于国家职业资格执行情况的反馈信息，审查既定的程序，并在必要时明确要调整和优化的领域”[②]。反馈信息的收集主要涵盖四个领域：一是培训领域，主要从职业资格培训提供机构、相关

① National Vocational and Technical Training Commission. Manual No.3：Management of the NVQF[R]. Islamabad：NAVTTC，2017：10.

② 同上.

学生处收集反馈信息；二是评估领域，主要向国家职业资格评测员、职业资格候选人、职业资格授予委员会及评估中心处征询反馈信息；三是颁证领域，主要从职业资格授予委员会获取反馈信息；四是就业领域，主要从获得国家职业资格人员的雇主处收集反馈信息[①]。尽管这四个信息反馈渠道在某些方面有叠加，如评估领域和颁证领域都涉及职业资格授予委员会，培训领域的相关学生和评估领域的职业资格候选人往往是同一批人，但是同一机构或个人在职业资格运行的不同阶段扮演着不同角色，这些阶段收集到的反馈信息均为国家职业资格的发展与完善提供了重要参考。

监管与评估的目的体现在四个方面：其一，保证国家职业资格框架的各项目标得以顺利实现；其二，保证国家职业资格评估过程公正、有效、一致；其三，保证培训机构根据专门的标准管理国家职业资格的颁发与实施；其四，保证获得国家职业资格的人员能满足雇主的需求[②]。可以说，国家职业资格框架的监管与评估是规范巴基斯坦职业教育发展的必要路径，它有助于推动全国职业教育按照国家职业资格的标准发展。

国家职业资格框架的监管工作主要由国家职业与技术培训委员会、省技术教育与职业培训局、职业资格授予委员会三大机构从各自层面予以实施。国家职业与技术培训委员会负责通过评测员和学生来评估国家职业资格评估程序的适用性，通过与省技术教育与职业培训局、职业资格授予委员会、评估中心进行充分讨论，以确定在“评估前、培训交付、形成性评估、最终评估以及证书颁发”等环节中，各机构间的协作状况，“通过国家评测员数据库来检查评测员档案资料的完整性，并监督国家职业资格开发的质量”[③]。形成性评估在这里主要指在完成一个培训模块后，按照能力标准进行的评估，因此又称为模块评估，或模块结束后评估。这种评估方式会事先将职业资格分为若干模块，每个模块又细分为若干能力单元，当学生完成这一组能力单元的学习后就可以开展评估。通过评估后学生即具备了相应能力标准，而几个能力标准就需要几个模块评估。只有当学生完成所有的能力

① National Vocational and Technical Training Commission. Manual No.3：Management of the NVQF[R]. Islamabad：NAVTTC，2017：10.

② 同上.

③ 同上 11.

标准模块后，才可以进行最终评估。这种评估又称为总结性评估，是由评估中心实施的对候选人整体技能的评估，通过后学生就可以获得国家职业资格。

省技术教育与职业培训局通过职业教育机构来审视国家职业资格培训方法是否适合、培训资源是否充足；通过与校长和教师的沟通，了解培训面临的困难；通过学生反馈，掌握国家职业资格的获得途径，以及教学设备和培训耗材与市场需求的适应性是否合规；通过检查模块化评估文件，明确培训在学生总结性评估中的具体作用；通过追踪访谈，深入了解国家职业资格获得者的就业前景和收入水平；最后，通过雇主反馈，评估国家职业资格培训与工作场所需求的匹配度[①]。省技术教育与职业培训局作为职业教育省级主管部门，主要负责监督国家职业资格框架在职业教育机构中的执行落实情况，通过校长、教师、学生、雇主这四个职业教育关键主体，了解管理层面、教学层面、学习层面、雇用层面对接国家职业资格的状况。这种做法有助于从不同角度揭示国家职业资格培训的整个过程及其面临的困难与挑战。

职业资格授予委员会的监管与评估工作主要是从空间、设备和耗材方面检查评估中心，确保其为国家职业资格评估做好准备，评估过程中，还会根据评测员的绩效分析评估结果，同时通过审阅培训提供者提交的未来候选人信息来确定未来评估需求[②]。一般而言，评估中心的设立须由职业培训机构按要求提交申请，并经职业资格授予委员会认证。在此过程中，职业培训机构的空间面积、机器设备、测试耗材充足性是开展评估的必备条件。而评测员作为评估过程的具体操作者，其评估的准确性对于保障职业资格质量至关重要。此外，学生的数量直接关联职业资格候选人的规模，只不过划分成不同等级和类别，职业教育机构在学生入学后要及时将人数、等级及资格类别上报职业资格授予机构，以便其做好妥善安排。

监管与评估的主要路径有两个：一是调研国家职业资格培训机构，二是调研接受培训的学生。对于职业资格培训机构的调研一般是直接下到该机构，按照规定检查这一机构是否获得国家职业与技术培训委员会认证，

① National Vocational and Technical Training Commission. Manual No.3：Management of the NVQF[R]. Islamabad：NAVTTC，2017：11.

② 同上 12.

是否由资格授予机构认定为培训中心，此外，还需核实培训机构是否在国家职业资格注册系统注册并上传学生信息，模块化教学是否及时更新，教学人员是否接受过基于能力教学模式的培训，学校是否拥有国家职业资格的标准、教学大纲、培训者学习指南、评估指南，其开设的课程是否获得省技术教育与职业培训局审批并报国家职业与技术培训委员会和职业资格授予委员会备案[①]。所有这些针对培训机构的国家职业资格检查结果将被填入“能力培训监管表”。

对于接受培训的学生的调研，主要是收集学生对课堂教学和实验室实训的反馈意见。在课堂教学层面，主要检查教师是否向学生全面介绍了国家职业资格框架和基于能力培训与评价的相关介绍，是否详细解释了能力标准、评估指南、形成性评估、综合性评估，基于能力的培训课程是否专注于应用技术，教师对所教职业资格的了解程度及其教学状况，学生对形成性评估的态度、掌握技能标准的情况以及对未来就业的帮助；在实验室实训层面，从学生处调研实验室是否按照教学大纲进行装备，学生是否有机会使用现代机器设备，是否有足够时间进行实验，实训耗材是否充足，教师是否对实验过程进行详细说明，是否将实验室的工作与实际场地应用相联系，实验阶段机器设备运行是否良好，在实验环节是否能解决相关学习的难点等[②]。针对学生的检查结果将被填入基于能力培训的学生调研表中。

通过对培训机构和学生的调研，可以发现国家职业资格在培训过程中的相关问题，并采取具体措施予以改进。若发现教学装备、实训耗材、基础设施等培训资源不足，可加大职业技术教育资源的投入，以保证国家职业资格培训能顺利进行。若所培训的技能与实际行业需求不匹配，可通过融入行业相关技能更新课程来保持职业资格培训的适应性。同时，针对学生缺乏实践经验和实训机会的问题，可通过加强与行业实践基地的合作、增加实训课程时长等方式为学生提供更多的实践机会。此外，若出现评估标准理解差异，评估结果存在误差等情况，可通过培训评测员，以及制定更加标准化的评估指南来保证评估实践的一致性。

---

① National Vocational and Technical Training Commission. Manual No.3：Management of the NVQF[R]. Islamabad：NAVTTC，2017：22–24.

② 同上 25–26.

第五章 国家职业教育政策

一、国家技能战略

21 世纪初，巴基斯坦的经济结构还是以农业为主导，生产方式相对传统，高度依赖手工劳动和自然资源，工业化水平较低，经济活动主要还是依赖农产品，如棉花、甘蔗而开展的轻纺织和制糖业。然而，巴基斯坦已经深刻认识到工业化对推动一个国家的经济发展、增强国家实力和国际竞争力方面的重要作用。为加快实现工业化进程，巴基斯坦联邦政府于 2009 年出台了《国家技能战略（2009—2013 年）》（见图 5.1）。这是巴基斯坦第一个支持职业技能开发与培训的政策文件，由国家职业与技术培训委员会组织制定，旨在通过国家的职业技能发展和培训体系改革，对接产业发展对技术技能的迫切需求，提高劳动力的技能水平和就业机会，促进社会公平，为巴基斯坦从农业国走向工业国提供技术技能人力资源保障。

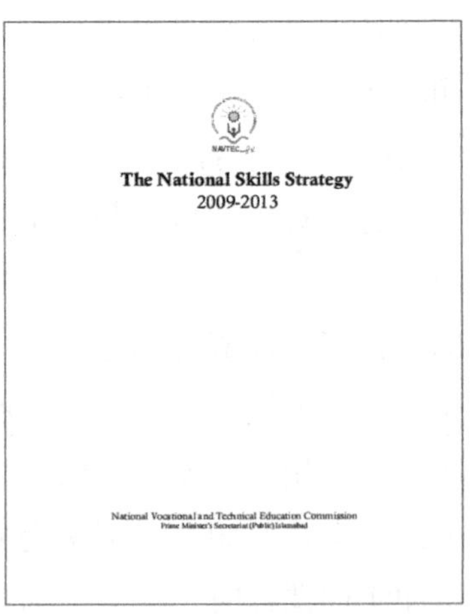
The National Skills Strategy
2009-2013

National Vocational and Technical Education Commission
Prime Minister's Secretariat (Public) Islamabad

图 5.1 《国家技能战略（2009—2013 年）》

（一）战略的权威性

国家职业与技术培训委员会时任主席阿德南·卡瓦加（Adnan A. Khawaja）对这一战略寄予厚望，他坚信该战略将在职业技术教育领域引发积极的变革[①]。为了彰显权威性，《国家技能战略（2009—2013 年）》在扉页上特别引用了巴基斯坦创建者真纳（Muhammad Ali Jinnah）于 1947 年 11 月 27 日演讲中关于职业技能的重要论述：

> 我们迫切需要对我们的国民进行科学和技术培训，……不要忘记，我们不得不与世界竞争，而世界在这方面发展得非常迅速，我必须强调，应更加注重技术和职业教育。[②]

这段内容源自真纳在就任巴基斯坦自治领首任总督（1947 年 8 月 14 日）三个月后发表的一次演讲，表达了他对巴基斯坦实现独立后在经济与教育发展上的愿景和建议。真纳在 1934 年被选举为“穆斯林联盟的终身主席”，开始全面领导巴基斯坦的建国事业，被誉为巴基斯坦的“国父”[③]。在演讲中，真纳强调了科学和技术教育对国家经济发展的紧迫性和重要性，他认为培训国民在这方面的能力是建设未来经济社会的关键。真纳指出，世界在科学和技术领域的发展速度非常迅速，巴基斯坦若要在竞争中立足，就必须正视这一问题。因此，他呼吁应该更加重视技术和职业教育，加大在这方面的投入，以提高国民的技术技能，确保巴基斯坦有足够能力应对世界竞争。这一愿景在时隔 62 年后的《国家技能战略（2009—2013 年）》扉页中重新显现，充分体现了职业技术教育对巴基斯坦的教育政策和发展方向的深远影响，是从建国之初一以贯之的重要发展理念。

巴基斯坦政府秘书（Secretary to the Government of Pakistan）阿塔尔·塔希尔－乔德里（Athar Tahir-Chowdhry）是《国家技能战略（2009—

① National Vocational & Technical Education Commission. National Skills Strategy 2009—2013［R］. Islamabad：Prime Minister's Secretariat，2009：i.

② 同上扉页 .

③ 徐墨，高雅茹. 巴基斯坦文化教育研究［M］. 北京：外语教学与研究出版社，2022：24–25.

2013年)》的执行总监(Executive Director),他在前言阐述了巴基斯坦《国家技能战略》产生的背景和缘由,指出"职业技术教育的不平衡发展格局、全球状况和国际竞争"是此次技能战略制定的主要原因[①]。职业技术教育不平衡发展格局指的是巴基斯坦的技术与职业教育培训系统存在的不平衡问题,涉及地理覆盖范围、行业对接和性别平等多个方面。在地理覆盖范围方面,某些地区缺乏适当的职业技术教育机构和培训资源,导致该地区广大劳动力无法获得必要的技能培训,缺乏职业技能势必影响就业,影响家庭收入,这也是社会发展不平衡和社会贫困的一个重要原因。在行业对接方面,某些行业获得了职业教育的高度关注和资源投入,而另一些行业则缺乏相应的技术培训资源,导致行业技术技能人才供应不足,从而限制了行业的创新能力和发展竞争力,影响了消费者对该行业的认可度,从而对行业的发展产生不良的负面影响。在性别平等方面,大部分职业技能培训针对男性就业岗位,而针对女性需求的职业技能培训则非常少,这使得女性无法获得与男性同等的培训机会和就业机会,从而面临更多的性别障碍和限制。

全球状况指的是全球范围内的经济和技术变化对职业技术教育的深远影响。随着全球化和技术进步的快速推进,对职业技能的需求也在不断提升和变化,为了适应这种新变化,各国需要制定相应的战略来提供与全球化和产业发展相关的职业技能。巴基斯坦人口众多,且60%的人口为35岁以下的年轻人,然而其经济规模并不大,就业市场无法为这些年轻人提供足够的职业岗位,再加上薪资不高,导致不少青年劳动力选择赴国外从事技术工作,以提高自己和家庭的经济收入。在巴基斯坦年轻人的国际化就业中,常见的目的国有阿拉伯国家、英语国家和一些欧洲国家,据统计,绝大多数巴基斯坦劳动力(98.3%)通常每年去往五个国家,即沙特阿拉伯、阿联酋、卡塔尔、马来西亚和巴林[②],这些国家对外籍劳动力的需求量大,特别是在建筑、医疗、矿产、服务业等领域提供了广泛的工

① National Vocational & Technical Education Commission. National Skills Strategy 2009—2013 [R]. Islamabad: Prime Minister's Secretariat, 2009: iii.

② Government of Pakistan. National "Skills for All" Strategy: A Roadmap for Skill Development in Pakistan [R]. Ministry of Federal Education & Professional Training, 2018: 22.

作机会。巴基斯坦的年轻人在国外就业后，其薪酬会定期寄回国内，成为巴基斯坦重要的外汇收入来源。为了适应全球产业技能需求的新变化，巴基斯坦的职业技术教育体系也需要做出相应调整。这包括以目的国的技术需求为导向，开发职业技术培训资源，并根据目的国产业升级变化调整培训内容和培训形式，以尽最大努力满足本国青年劳动力赴国外就业的技能需求。

国际竞争指的是国与国之间在经济、科技、军事和文化领域的竞争和比较。黄炎培先生指出，“盖今世商战、工战，无非学战”[①]。教育在国际上的商业、产业竞争中扮演着重要角色，可以肯定地说，职业教育也是其中一项重要力量，拥有高素质的技术技能人才是一个国家取得国际竞争优势的一个关键点。全球化的到来也给国与国之间的经济、产业带来了激烈的市场竞争，为了在国际市场上保持竞争力，一个国家就需要拥有高素质的技术技能人才去推动本国的科技进步和技术创新，提高自身企业的国际竞争力。因此，巴基斯坦需要制定《国家技能战略》，提高自身的人力资源竞争力，培养并遴选出高端的技术技能人才，通过研发新技术、拥有核心专利和知识产权等高端技术资源，在国际上争夺科技创新和技术发展的领先地位，生产出具有核心竞争力的创新型产品，促进经济增长和社会进步，并进而增强巴基斯坦的国际竞争力。

基于上述背景和原因，巴基斯坦《国家技能战略》的制定显得尤为迫切和必要。这一战略旨在通过转变职业教育和技术培训的范式，建立职业学校、技能培训中心、学徒计划等多样化的技能培训机构和项目，提供与产业发展相关的技术技能，覆盖不同的行业和职业领域。为了优化职业教育与行业、企业的合作机制，战略将确保培训内容与产业需求相匹配，并与行业、企业合作开展工程实训和实习计划，从而增加个人技能习得的机会。通过实用的技术技能供给和校企深度合作，个人将能够获得更高的就业质量和职业发展机会，使更多人有机会接受高质量的教育培训并获得就业机会，无论其背景和经济状况如何。这一措施将有效促进教育公平与社

① 吕景泉，杨延，李云梅，黎志东．鲁班工坊纵览与博观［M］．北京：外语教学与研究出版社，2023：264.

会就业。通过制定并实施技能发展战略，巴基斯坦可以积极应对职业技术教育不平衡发展、全球状况和国际竞争带来的挑战，有助于缩小技能供需不平衡的鸿沟，通过与行业、企业合作，确保技能培训与产业发展需求相匹配。最终，这将推动国内经济与社会发展，助力青年劳动力走进国际市场，全面提升巴基斯坦的国际竞争力。

除此之外，《国家技能战略》的权威性还在于战略政策的研发邀请了各利益相关方参与，涉及政府部门、培训机构、学生、私营企业和相关专家等。国家职业与技术培训委员会现任主席阿德南·卡瓦贾（Adnan A. Khawaja）给予了“持续支持”，而前任主席阿尔塔夫·萨利姆（Altaf M. Saleem）则“亲自参与咨询环节”，同时，旁遮普省、信德省、西北边境省、伊斯兰堡和阿扎德·克什米尔地区总监，劳工和劳动力培训部秘书都参与了这一政策的制定，另外，这一技能战略还得到了联合国教科文组织、国际劳工组织和澳大利亚援助署等国际组织的支持，经过“长达18个月的集中努力”，这一战略最终才得以完成①。

巴基斯坦各地区总监以及劳工和劳动力培训部秘书参与了《国家技能战略》的制定，确保了这一战略能够代表巴基斯坦不同地区的需求和联邦劳动部门的要求。联合国教科文组织、国际劳工组织和澳大利亚援助署等国际组织在《国家技能战略》的制定中发挥了重要作用，这些国际组织基于自身在技能发展方面的丰富经验，分享最佳实践，提供专业知识和技术支持，给予专业指导建议，助力巴基斯坦的《国家技能战略》与国际劳工和教育标准相一致。此外，这些国际组织还通过提供资金援助、资源和能力建设等项目，促进了巴基斯坦与其他国家的合作，推动巴基斯坦在技能发展中采用国际标准，缩小国际间技能鸿沟，以便高质量实施技能发展项目。可见，这一技能战略是在各利益相关方广泛合作的基础上，融汇了相关领域的专业知识，经过长时间的集体努力才得以完成，因此具有相当的权威性与可靠性，能够为国家的技能发展提供战略指导和政策支持。

① National Vocational & Technical Education Commission. National Skills Strategy 2009—2013［R］. Islamabad：Prime Minister's Secretariat，2009：iii.

（二）两大范式转变

《国家技能战略（2009—2013 年）》实现了两大范式创新：一是将原先受时间限制且基于课程的培训模式，转变为灵活的，基于能力的培训模式；二是将供给导向的培训模式，转变为需求驱动的技能发展模式，这两种转换均是通过促进“行业在职业技术教育体系的设计与实施中发挥作用来实现”[①]。行业在职业技术教育体系中要发挥重要作用，首先要参与培训模式设计，改变过去以课程为中心的职业技能培养体系，形成以能力培养为中心的新模式；其次，行业的深度参与促进了职业技术教育培训内容的改革，这说明不能只根据现有的师资，培养既定的技术，且多年一成不变，而是要在与行业内的雇主、从业者和专家进行研讨后确定工作岗位所需的技术技能，根据行业趋势和技术需求分析制定培训计划，开发教学资源，制定培训计划并开展技能培训。在培训过程中，根据结果评测、学生反馈等方式评估学生的技能水平和培训效果，以确保技能培训符合行业需求导向。

以课程为基础的教育是一种传统的教育范式，该范式以课程教学为中心，侧重传授知识和理论，强调学生对特定学科的学习和掌握，以便于学生获得系统的学科知识和理论基础。但这种范式过于注重传授理论知识，相对缺乏实践操作和实际应用的机会，同时也忽视了学生沟通交流和团队合作等综合能力的培养。相比之下，以能力为基础的培训表现出了很多优势：其一，以能力为基础的培训注重培养学生的实践能力，强调实际技能操作，有助于学生更好地适应职业发展需求，能够培养学生解决实际问题的能力，提高就业竞争力；其二，以能力为基础的培训更加贴近实际需求，能够培养符合产业发展要求的人才，这类人才有助于推动产业升级，提高产业的技术水平和竞争力；其三，以能力为基础的培训注重培养学生的职业道德、沟通能力、团队合作等综合素质，有助于学生在职场中更好地适应工作环境。可见，从普通教育范式转换为职业教育范式能为巴基斯坦产业发展提供优质、高端的技能人才。

① National Vocational & Technical Education Commission. National Skills Strategy 2009—2013［R］. Islamabad：Prime Minister's Secretariat，2009：1.

巴基斯坦的职业技术教育从供给导向的培训转变为需求驱动的技能发展，是指教育系统从仅仅提供一般性的培训课程，转向根据实际市场需求和行业要求来培养具体技能的发展方式。这种转变强调根据产业市场的实际需求，为学生提供与产业发展相关的技能和知识。

具体来说，供给导向的培训是指教育机构根据自身的资源和能力，开设一些通用的课程和培训项目，而不考虑实际市场的需求。这种培训往往没有与行业需求相匹配的技能和知识，导致学生毕业后难以获得就业机会，或者就业后无法满足实际工作的要求。而需求驱动的技能发展则是根据市场需求和行业要求来开设培训项目，这种发展方式注重与实际工作相关的技能和知识，通过与行业合作，了解市场需求，培养学生具备实际工作所需的技能和素质。这样的教育模式可以提高学生的就业机会，同时也能够满足行业对高素质人才的需求。

一般而言，基于供给导向的培训多是由公立的职业教育与技术培训机构根据自己的教育资源提供的，这种培训难以产生良好的就业效应。不少企业，尤其是私营企业对这类毕业生反应冷淡，也让这种企业由此被指责参与的积极性不高，同时这种冷淡也造成了公立的职业教育与技术培训机构的低效，并且降低了其继续投入资源的积极性。

需求驱动的技能发展特别强调职业技术教育机构与行业的密切合作，尤其要与大型私营企业合作。这些企业规模大、技术先进，并且对技术技能人才有迫切的需求。职业技术教育机构与这样的企业合作，可以共同制定课程和培训计划，确保培训内容与实际技术技能工作要求相符。此外，行业、企业机构提供实习和实践机会，使学生能够在真实的工作环境中应用所学知识和技能，增强他/她们的就业竞争力。巴基斯坦的职业技术教育从供给导向的培训转变为需求驱动的技能发展，实际上是从公立职业教育机构提供传统技术培训的模式转向大型私营企业根据自身技术技能需要深度参与职业教育人才培养，意味着职业教育系统更加注重与实际市场需求相匹配的技能培养。

在巴基斯坦《国家技能战略》的两大范式创新中，行业企业发挥着重要作用，行业企业的参与对于新型职业技术教育体系的设计和实施至关重要：其一，行业企业是实际市场需求的直接反馈和指导机构，了解行业企业的需求和发展趋势对于设计和制定相关的培训计划和培训课程至关重要，行业企业的参与可以确保职业技术培训内容与实际工作需求相符，有利于培养学生具备行业企业发展所需的技能和素质，从而能有效提升行业企业的市场竞争力；其二，行业企业提供高质量的实习和就业机会，行业合作伙伴为学生提供实习、实训的机会，使他 / 她们能够在真实的工作环境中应用所学的知识和技能，帮助学生更好地理解行业、企业的运行模式和发展要求，提高他 / 她们的实际工作能力，为其未来实际就业和职业发展奠定基础。可见，公立职业教育机构与大型私营企业合作有利于提升其就业质量；其三，行业、企业提供资源和设施支持，为职业教育与技术培训机构提供实践、实训所需的现代化设备和技术，确保学生使用最新的技术装备以获取实训经验。可见，大型私营企业的教学资源投入有利于公立职业教育机构进一步提升其技术技能人才培养能力。

总之，行业、企业在巴基斯坦的职业技术教育体系中发挥着重要的作用。行业、企业参与技能开发与培训可以确保培训内容与市场实际需求相匹配，行业、企业提供设施装备和实践机会，为学生提供就业机会和职业发展的支持，可以使职业技术教育体系的教学与培训更加贴近实际工作需求，提高学生的技术能力和就业竞争力。

（三）技能战略要点

《国家技能战略（2009—2013 年）》计划实现三大目标，与此对应实施 20 项改革举措。

1. 提供与工业和经济发展相关的技能

目标一是“提供与工业和经济发展相关的技能”，基于该目标需要进行五项改革，分别是：（1）引入以能力为基础的培训；（2）建立行业特定的卓越中心；（3）提升私营部门的作用；（4）改革学徒制度；（5）鼓励创业精神[①]。

---

① National Vocational & Technical Education Commission. National Skills Strategy 2009—2013［R］. Islamabad：Prime Minister's Secretariat，2009：8-16.

《国家技能战略》的首要目标是提供与产业发展相关的技能培训，将满足产业需求视为职业技术教育的重中之重。为了应对产业技术迭代和变革带来的需求变化，确保巴基斯坦的技能发展满足产业发展对新型技能的需求,《国家技能战略》在目标一中提出了五项改革举措。

举措一是引入以能力为基础的培训。基于能力的培训侧重于展示工作现场需要的实际技能。彼时巴基斯坦的职业技术教育机构与行业的联系不紧密，培训围绕的技能和知识并未与劳动市场需求直接对接，企业雇主在影响职业技术教育机构教学内容方面的作用微乎其微。在《国家技能战略》中，巴基斯坦计划借鉴英国、澳大利亚、马来西亚等国的做法，建立“行业咨询机构”，由政府认证，雇主领导，培训机构参与，将雇主对培训的参与行动制度化[①]。雇主根据自身产业发展的技术需求为培训机构提供技术技能人才培养建议，实现培训内容与行业需求有效对接。

除企业雇主和培训机构建立联系外，企业与政府间还需要建立联系。巴基斯坦的《国家技能战略》计划建立了行业咨询组（Industry Advisory Groups），由大中小企业成员参与，确定其行业的技能需求和能力标准，在国家职业与技术培训委员会认证后，联合省技术教育与职业培训局设计培训计划，培训机构据此开展培训项目[②]。行业咨询组的建立旨在加强企业与政府之间的联系，以便企业能够向政府表达其技术需求和培训建议，此举通过政府协调雇主与职业技术教育机构间的关系，充分发挥了政府的权威性功能，破除了传统上企业雇主对职业教育机构影响甚微的弊端。企业雇主对于技术的要求是源于实践一线的需求，由于企业规格不同，其技术诉求表现为个性化、多元化，这些诉求若均要求职业技术教育机构设计相应的培训项目，势必太过于琐碎，校企深度合作也难以可持续推进，这就需要国家职业与技术培训委员会对这些多元的技术诉求进行分类整理，开发并认证相应的技术能力模块，由省技术与职业培训局设计对应的培训项目，并组织职业技术教育与培训机构按标准要求实施技能培训。政府参与可以确保企业雇主在职业技术教育与培训中的话语权，并能促进标准化

① National Vocational & Technical Education Commission. National Skills Strategy 2009—2013 [R]. Islamabad: Prime Minister's Secretariat, 2009: 9.

② 同上.

技术技能培养。

举措二是建立行业特定的卓越中心。这是时代所需，当时的状况是“大多数公共职业技术学院只是提供一系列通用课程，并未向特定经济部门提供专门培训”，基于此，巴基斯坦政府“在行业附近”建立针对“特定行业的卓越中心”，这一中心可从行业企业中获得新技术，也方便学生就业和教师实践[①]。这种行业卓越中心需要经过遴选方能产生，国家职业与技术培训委员会制定行业卓越中心的设立标准，各省技术教育与职业培训局根据这一标准，从针对特定行业的技术培训学院中遴选而出，遴选过程中充分考虑了技能培训的地域分布，注重教育资源投入平衡。

在行业卓越中心的认证标准中，国家职业与技术培训委员会特别强调了行业卓越中心与行业的联系，行业卓越中心要提供行业需求的培训项目，并积极推广最佳实践，以期成为其他相关教育机构的资源中心[②]。此外，行业卓越中心需要具备雄厚的技术培训能力，能为行业培养高端技术技能人才。其毕业生的行业认可度和受欢迎程度，特别是他们在行业企业的就业率和获得的好评，都是对行业卓越中心进行评估的重要指标。

行业卓越中心不仅要在自身领域内提供高质量的培训，服务行业企业，还要积极与其他技术培训学院合作，致力于传播和分享最佳技术培训实践，服务相关技术培训学院的教学和师资培养，包括组织相关技术课程开发，指导教学案例库建设，并定期为相关技术学院培训师资，以提升其教学能力。行业卓越中心需要建立起丰富的教学资源，如完备的课程体系、优质的教学装备和先进的教学模式，从而成为其他相关技术培训学院的“资源中心”。为了进一步提升技术培训质量，行业卓越中心通常还会与国外声誉良好的特定行业培训机构建立合作关系，借此引进国际先进的技术经验和培训模式。

行业卓越中心的办学经费由利益相关方共同承担，由国家职业与技术培训委员会负责协调，各省技术教育与职业培训局具体执行，其运营绩效由国家职业与技术培训委员会进行评估，并将评估结果与省技术教育与职

① National Vocational & Technical Education Commission. National Skills Strategy 2009—2013 [R]. Islamabad: Prime Minister's Secretariat, 2009: 10.

② 同上 11.

业培训局共享，能否通过评估的决定权在国家职业与技术培训委员会[①]。办学经费是行业卓越中心发展的资金支撑，需要多渠道筹集，政府、行业、企业、学生是行业卓越中心的利益相关方，按照成本分担的原则，根据各利益相关方的受益程度和实际的支付能力，制定经费分担方案，由国家职业与技术培训委员会听取各利益相关方的诉求和意见，充分考虑各相关方的受益程度和支付能力，协调确定各相关方承担的经费份额。最后，由省技术教育与职业培训局负责安排实施，确保行业卓越中心的正常办学。

行业卓越中心与相关特定行业保持密切联系，以便接触到行业最新技术和机器设备，应用这些技术和设备开发课程资源，从传统的平面化教材，转变为立体化教材，以行业所应用的机器设备为教学内容开发教学资源，让学生应用行业最新的技术，能够组装、开动机器设备，并进行有效运维。行业卓越中心就是开展这种与行业相关的技术技能培训，以确保培训内容与行业需求密切对接。行业卓越中心不仅通过技术、设备从行业获益，还要依靠强大的技术开发能力，帮助解决行业中的技术难题，并为行业企业员工提供在职培训，切实地为行业企业做好技术服务。另外，行业卓越中心还提供就业服务，推荐学生到合作的企业就业，并为这部分学生提供后续技术更新培训服务。

行业卓越中心体现了基于能力的职业培训理念，注重培养学生的实际技能，其培训目标是使学生具备适应实际工作环境的技术技能，这种培训注重实际操作和实践技能的培养，通过模拟实际工作环境，或直接开展真实项目来提升学生的技术技能，体现实践导向。这种培训依据特定行业的职业能力标准进行课程设计和成果评测，确保学生掌握行业所需要的技术技能，体现能力标准。这种培训不仅关注学生在当前工作中的能力提升，还着眼于其未来的工作机会，体现职业发展的理念。总之，行业卓越中心基于能力的职业培训理念着眼于培养行业企业急需的技术技能人才，满足不断变化的产业市场需求，促进高质量就业并助力学生未来的职业生涯发展。

举措三是提升私营部门的作用。当时巴基斯坦的私营部门培训基本存在于大型企业，中小企业非常少，并且培训不会获得“任何国家认可的证

① National Vocational & Technical Education Commission. National Skills Strategy 2009—2013［R］. Islamabad: Prime Minister's Secretariat，2009：11.

书”[1]。中小企业不需要培训说明其职业技能含量低，员工不需要技能培训也能上岗，但这种以普通劳动力运行的企业市场竞争力低，难以与具有技能高附加值的企业竞争。即使大型私营企业建有专业培训机构，其进行的技能培训也主要是企业内部的有关内容，并未获得国家职业与技术培训委员会认证，难以被其他大型企业认可。这反映出企业培训的质量和内容因企业而异，缺乏统一的标准和评估体系，导致不同企业之间的培训质量产生较大差异，使得员工的技术技能难以相互比较和得到国家职业与技术培训委员会认证。私营企业自发进行的培训没有得到充分的评估和认证，导致对这些企业的培训认可度不高，从而造成培训资源的巨大浪费，并影响到企业的社会形象。为了确保私营企业培训的有效性和可持续性，不论大型私营企业，还是中小型私营企业，都要按照国家学徒制的规定开展技术培训，提升员工的职业技能，同时要与国家职业与技术培训委员会深度合作，使自身举办的培训获得国家认可。

巴基斯坦国家职业与技术培训委员会提升私营企业在职业培训中的作用，支持私营企业开展技能提升在职培训，帮助企业提高培训能力，扩大培训范围，确保私营企业能培训出大量、急需的技术技能人才，助力产业的快速发展。但是不少私营企业对职业教育与技术培训机构的人才培养不感兴趣，没有意识到其参与技术技能人才培养的重要意义，同时，也缺乏私营企业参与技术技能人才培养的可行性模式和激励机制，企业缺少人才培养方案、管理人才培养过程、评测技术培训成果等进入正规职业技术教育机构的路径。

为了提高私营企业的积极性，政府与私营企业建立了公私合作伙伴关系，“政府分担培训成本，并认证课程”，私营企业开展基于工作场所的培训，可以在培训过程中展示技术设备，吸引潜在客户购买[2]。这样的政府主动服务，为私营企业的技能培训走向正规提供了政策指导和资金支持，私营企业也通过这种培训，将自身的技术、设备展示出来，将职业培训与技术设备推广有效整合，既能提升企业员工的技术实力，又能提高企

① National Vocational & Technical Education Commission. National Skills Strategy 2009—2013 [R]. Islamabad: Prime Minister’s Secretariat, 2009: 12.

② 同上 13–14.

业的社会知名度，还起到了良好的设备营销效果。

私营企业提供职业技术教育和培训课程，应用企业的机器设备进行现场培训，有利于提升培训与行业需求的关联度。此次《国家技能战略》重点要解决的是让私营企业的培训走上正规渠道，获得国家职业与技术培训委员会的指导和认证，“确保所有学生通过培训所获得的资格得到全国认可，并成为未来国家资格框架的一部分”①。各省技术教育与职业培训局评估私营企业开展职业技能培训的绩效，并向国家职业与技术培训委员会报告，后者将采取有效措施进一步优化私营企业的职业技能培训模式。

举措四是创新学徒制度。巴基斯坦在1962年颁布《学徒制条例》（The Apprenticeship Ordinance），为实施学徒制建立了法律保障，但效果并不尽如人意。主要表现在学徒制是依法“强制性”执行，“企业支持学徒制的动力很小，而且很多法律义务在实践中很容易被规避”，企业在学徒的选择上“几乎没有什么权利，学徒在培训项目上也没什么选择的余地”，另外，《学徒制条例》没有囊括新的服务类职业，从而使“女性参加学徒制受到限制”②。《国家技能战略（2009—2013年）》制定期间，巴基斯坦企业的状况一直没有明显改善，西北边境省的恐怖主义、反恐军事行动导致经济发展迟缓，并且企业有追求利润的本质，让其在经营困难的情况下投入时间和资源发展学徒制，势必热情不高，在国家监管机制不足的情况下，企业规避《学徒制条例》要求的状况时有发生。由于传统的教育观念认为接受学校的教育更有价值，在21世纪初的巴基斯坦，学徒制在社会上被认为是一种较低级的职业培训方式，甚至被贴上“非专业”的标签，导致其认可度较低，企业难以招到具有一定基础知识和技能的学徒。为了节约成本，企业只是投入了一定的资金、设备和场地用于学徒制项目，导致学徒制的培训项目类别非常有限，学徒的选择余地非常少，并且这些学徒制项目的对象绝大多数为男性，几乎没有适合女性的学徒制项目。女性在学徒制中被忽视，一方面影响到教育公平，另一方面也不利于女性在现代产业中技术技能的开发。巴基斯坦政府已经意识到学徒制在职业技能培

① National Vocational & Technical Education Commission. National Skills Strategy 2009—2013［R］. Islamabad：Prime Minister’s Secretariat，2009：14.

② 同上15.

训中的重要地位和当前的发展困境，开始着力在《国家技能战略》中对传统学徒制进行改革，探索企业积极参与、职业类型多样化的新型学徒制。

巴基斯坦国家职业与技术培训委员会通过深入考察国外类似成功项目，与利益相关方进行了广泛的讨论，并根据国内实际情况和行业的需求变化修订了《学徒制条例》，着眼于“培训持续时间和培训内容的灵活性”，旨在使政府和私营部门认识到学徒制不是一种负担，而是一项长远投资，这对学徒、行业和经济都有显著回报，同时，委员会还致力于扩大学徒培训的行业规模，特别是增加女性就业的机会，并且确保学徒培训在未来的资格框架下得到应有的认可[①]。

学徒制改革计划在培训时间和培训内容方面提高了灵活性，将学徒培训内容划分为不同的模块，提供在线学习平台和远程培训资源，学徒可以根据自身需求和兴趣选择特定的培训模块，根据自己的时间和地点灵活安排学习，可以更好地满足学徒个体化的学习需求。针对当前学徒制行业选择不足的情况，政府通过税收减免、资金支持、培训补贴等方式鼓励和支持更多行业开展学徒制，大幅度扩大学徒培训的行业范围，特别是增加家政服务、儿童教育、美容美发、烘焙等更适合女性就业的行业。针对企业积极性不高的情况，巴基斯坦国家职业与技术培训委员会通过一些成功的学徒制案例开展宣传教育，让私营企业认识到学徒制的重要作用，通过为学徒提供实际工作场所的培训，培养出具备企业急需技术技能的人才，满足企业发展的需求。另外，通过学徒制，私营企业可以给予学徒更多的职业发展空间和晋升机会，从而增加学徒对企业的忠诚度和归属感，确保企业核心技术和知识的传承，促进企业的可持续发展。

在《国家技能战略（2009—2013 年）》发布之时，国家职业资格框架尚未出台[②]，在此之前的学徒制培训还不能获得国家职业资格，但是巴基斯坦国家职业与技术培训委员会已经意识到技术统一的重要性，在《国家技能战略》中提出要对学徒制进行规范化，以便在未来的国家职业资格中获得认可。为此，学徒制各利益相关方通力合作，助力实施学徒制的企业

---

① National Vocational & Technical Education Commission. National Skills Strategy 2009—2013［R］. Islamabad：Prime Minister's Secretariat，2009：15.

②《巴基斯坦国家职业资格框架》出台时间是 2015 年。

按照国家标准提供技能培训，使学徒获得国家认可的职业能力，为未来获得国家职业资格打下坚实基础。通过这些改革，巴基斯坦的学徒制会更加灵活、包容，并为学徒和行业带来更多的发展机遇。

举措五是鼓励创业。在巴基斯坦的就业人口中，很大一部分是在自家企业就业，这些人有专业技能，希望经营自己的企业，但“缺乏建立和维持企业所需的辅助技能”，巴基斯坦国家职业与技术培训委员会与省技术教育和职业培训局合作设计“创业培训模块”①，让有意创业者或者正在创业者了解创业的基本知识、融资的基本程序，并学会市场调研、市场规划、市场营销、财务管理等经营企业所需要的基本技能。

《国家技能战略》鼓励创业是为那些希望经营自己企业的专业技能人才提供必要的商业培训模块，以确保他们成功建立和经营自己的企业。这些模块通常包括制定商业计划、进行财务管理、开展市场营销、实施质量保障和进行商业融资。在制定商业计划方面，要学习设计详细且可行的商业计划，包括市场分析、竞争分析、资金保障和目标设定；在财务管理方面，要了解财务管理的基本原则和基本技巧，包括预算编制、现金流管理、成本控制和财务报告等；在市场营销方面，学习如何进行市场调研、制定营销策略、推广产品或技术服务、建立商业品牌和开展客户公关；在质量保障方面，了解如何确保产品或技术服务的质量，包括客户满意度调查、质量管理体系建设和质量控制模式完善；在商业融资方面，学习如何与融资机构建立联系，了解筹资政策、融资方式与融资程序。

设立这些创业培训模块的目的是帮助创业者掌握必要的商业技能和知识，从而提高创办和管理企业的能力。通过这些培训，创业者可以更好地制定商业计划，有效管理财务，制定市场营销策略，提高产品或技术服务的质量，并与融资机构建立合作关系。这些技能和知识为创业发展提供基础，增加创业者在商业市场中的竞争力，特别是对于女性而言，更容易通过创业知识和技能，实施家庭创业，在照顾家庭的同时，发展自己的事业，提高女性的社会地位，促进性别平等。

---

① National Vocational & Technical Education Commission. National Skills Strategy 2009—2013［R］. Islamabad: Prime Minister’s Secretariat，2009：15.

2. 提升技能获取机会、公平性和就业能力

目标二是“提升技能获取机会、公平性和就业能力”，基于该目标需要进行九项改革举措，分别是：（1）扩大地理覆盖范围；（2）促进培训供给方式灵活化；（3）重视女性技能培训；（4）培训弱势群体；（5）整合非正规经济体从业者；（6）提高技术工人的对外流动能力；（7）提供职业指导和就业服务；（8）在学校提供职业教育；（9）提高技能发展的地位①。一个有效的职业技术教育体系，是为所有的受训者提供就业、工作需要的技术技能，这些技术技能对所有人开放，不论地域、性别和其他原有基础，为了实现这一重要目标，《国家技能战略（2009—2013年）》提出九项具体举措，其涵盖内容如下。

举措一是扩大地理覆盖范围。巴基斯坦职业技术教育在各省的覆盖率普遍比较低，且有些地方根本就没有职业技术学院。“俾路支省、信德省、西北边境省、旁遮普省分别有46、29、28、15个镇没有职业技术学院”，这主要由于“这些地区建立的工业产业有限，大部分人口散居在偏远、不易接近的位置”②。工业产业有限说明技能发展基础设施薄弱，就业机会匮乏，技能培训的出口不畅，再加上大部分人口处于偏远地区，不易集中起来开展技能培训。为解决这一状况，巴基斯坦新建职业技术学院，确保“每一个地区至少有一所技术教育学院（Technical Education Institute），每一个镇至少有一所职业培训学院（Vocational Training Institute）”③。巴基斯坦政府通过增加职业技术学院的覆盖面来扩大职业技术教育的可及性，住在偏远地区的国民也能就近接受职业教育。建设的规划由各省级政府确定，国家职业与技术教育委员会提供建设资金，后期运营经费由各省级政府提供④。由各省级政府根据当地的实际情况和需求，制定出符合本地区发展的职业技术学院建设规划，提高建设的针对性和实效性。国家职业与技术教育委员会提供建设资金，可以确保职业技术学院

① National Vocational & Technical Education Commission. National Skills Strategy 2009—2013 [R]. Islamabad: Prime Minister's Secretariat, 2009: 9-27.

② 同上17.

③ 同上17.

④ 同上17.

的推进有足够的经费支持，保障建设计划的顺利进行；后期运营经费由各省级政府提供，可以分担国家的财政压力，提高省级政府在职业技术学院建设过程中的主体责任意识，确保所建成的职业技术学院高效运行，对本省的经济产业发展起到切实的推动作用。在设计培训时，若没有可以服务的本地企业，可以选择附近或临近的企业，从而解决了职业技术与培训办学过程中基础设施不足的问题。

举措二是促进培训供给方式灵活化。针对时间限制的问题，巴基斯坦提供了“更灵活的培训机制，包括引入非全日制和夜班制，在非工作时间使用教育机构场所资源”；针对地处偏远、交通不便的地区，则采取“电视、录像和信息通信技术提供远程培训服务”①。由于在职人员难以安排完整时间参与培训，技能培训内容被分解为几个模块，每个模块均能在较短的时间内完成，且几个模块完成后可以对应提升一项职业能力。这种模块化培训贴合了在职员工的工作节奏，使其在承担工作任务的情况下，也能进一步提升技术技能，充分体现了工学结合的技术培训理念。此外，信息通信工具的使用，有效弥补了空间距离带来的不便，让技术技能培训能够在虚拟空间中得以完成，不仅节省了培训成本，还提高了培训效果。

巴基斯坦国家职业与技术培训委员会联合各省技术教育与职业培训局、国际技能开发专家，设计灵活的技能培训模式，由行业卓越中心作为试点进行灵活的技能培训课程开发②。巴基斯坦技能培训课程开发借助了国际技能机构的力量，国际技能机构在技能开发中积累了丰富的实践经验，可以在供给方式灵活性方面提供先进的教学方法和课程设计模式。另外，国际技能机构能提供国际上行业最新的技术，有利于巴基斯坦青年技能人才走向世界，实现国际就业。巴基斯坦技能培训课程开发还充分发挥企业的作用，通过税收减免和项目支持，鼓励企业拿出设备和技术参与灵活的技能培训课程开发。巴基斯坦在推动这一举措时非常谨慎，先在基础较好的行业卓越中心进行试点，在有限的范围内实践改革措施的可行性，避免全面推行时可能出现的大规模挑战。通过试点收集实践经验，了解改

---

① National Vocational & Technical Education Commission. National Skills Strategy 2009—2013 [R]. Islamabad: Prime Minister's Secretariat, 2009: 18.

② 同上 19.

革的成效和不足，逐步调整改革措施，逐渐扩大实施范围，确保改革的可行性和可控性，待到运行模式成熟后形成示范效应，向全国推广。

举措三是重视女性技能培训。在巴基斯坦，成年女性参加工作比率很低，据亚洲开发银行（2005—2006 年）和联合国亚太经济与社会委员会（2006年）统计仅为28.8%，尤其与菲律宾（50.2%）、马来西亚（46.1%）、印度尼西亚（51%）等其他亚洲国家相比，低工作率的情况更加明显[①]。到 2018 年，《巴基斯坦全民战略》中的数据显示，女性参加工作的比率是 24%[②]，可以说从 2005 年至 2018 年，这一状况基本没有任何改变。这与其社会传统和技能培训模式有关。21 世纪初，巴基斯坦社会对女性参加工作依然呈保守态度，许多人认为妇女的首要责任是在家庭中承担家务劳动和照顾孩子，这种观念也导致了就业市场中的性别歧视，比如职业招聘、薪酬待遇、晋升机会等方面都存在性别不公平、不平等的现象。正是由于这些社会限制，很多女性在结婚后通常就不再工作。

针对女性的技能培训往往局限于“传统领域，如手工刺绣、针织等”[③]，而大多数职业技术培训都集中在“焊接、水暖、木工、砌筑、重型机器操作员、电工”等被视为是男性专属的“硬核技术”领域[④]，女性几乎很难涉足这些职业领域。针对女性的技能培训缺乏多样性选择，且多为与传统性别角色相关的手工技艺，这种传统性别技艺的局限性限制了女性的职业发展和薪资水平。为了解决这一问题，省级政府“增设促进女性就业的机构”，并与国家职业与技术培训委员会、省技术教育与职业培训局和行业卓越中心合作，共同开发适合女性的职业培训项目[⑤]。《国家技能战

① National Vocational & Technical Education Commission. National Skills Strategy 2009—2013 [R]. Islamabad: Prime Minister's Secretariat, 2009: 19.

② Government of Pakistan. National "Skills for All" Strategy: A Roadmap for Skill Development in Pakistan [R]. Ministry of Federal Education & Professional Training, 2018: 22.

③ National Vocational & Technical Commission. National Skills Strategy 2009—2013 [R]. Islamabad: Prime Minister's Secretariat, 2009: 19.

④ Government of Pakistan. National "Skills for All" Strategy: A Roadmap for Skill Development in Pakistan [R]. Ministry of Federal Education & Professional Training, 2018: 23.

⑤ National Vocational & Technical Commission. National Skills Strategy 2009—2013 [R]. Islamabad: Prime Minister's Secretariat, 2009: 20.

略（2009—2013年）》为女性在现代产业范畴内，设计了新兴、高端的技术技能职业。该战略通过国家和省级职业教育主管部门与行业卓越中心的合作，开展针对女性的高端技能培训，旨在助力女性学生顺利进入到高新技术产业工作，从而提高她们的经济收入与社会地位。

举措四是培训弱势群体。残障人士、贫苦地区居民、少数民族成员及非正规经济领域的从业者均属于社会弱势群体，她/他们由于身体条件、地域、民族背景及就业环境等原因难以获得优质教育、生活和工作资源。此外，再加上这些弱势群体难以获得平等的技能培训机会，导致这一群体缺乏工作能力，其个人发展更是受到种种限制[①]。不少弱势群体生活在贫困地区，那里缺乏基本的教育设施和培训资源，而他/她们又没有足够的经济能力来承担培训费用，或者负担不了到经济发达地区接受培训的食宿及交通费用。更有甚者，可能因缺乏相关信息，使其不了解可用的培训机会，也不知道如何获取这些机会，从而限制了他/她们参与培训的可能。政策和制度层面的问题也是限制弱势群体接受技能培训的重要因素，技术培训管理机构没有针对弱势群体专门设计具有灵活性与包容性的培训计划，培训机构也缺乏适应弱势群体需求的培训方案。可见，弱势群体接受技能培训的机会少且受到各种限制，主要是由于资源不足、社会歧视、信息不畅和政策欠缺等多种因素的综合影响。

基于此，巴基斯坦政府计划"为弱势群体预留学位、提供助学金，并设计特殊培训项目"[②]。巴基斯坦国家职业与技术培训委员会和省级政府在促进弱势群体的技能培训和发展方面采取了一系列措施。首先，省级政府为弱势群体预留技能培训学位，确保他/她们在技能培训机构中有平等的受教育机会。其次，省级政府提供助学金，帮助弱势群体支付培训费用、交通费用、食宿费用，减轻弱势群体参与培训的经济负担，确保他/她们能够充分享有技能培训机会。再次，国家职业与技术培训委员会与培训机构合作，专门针对弱势群体设计特殊培训项目，这些项目旨在提供与当地市场需求相关的技能培训，以帮助弱势群体获得相应技能并提升其就业机会。

① National Vocational & Technical Commission. National Skills Strategy 2009—2013 [R]. Islamabad: Prime Minister's Secretariat, 2009: 21.

② 同上.

巴基斯坦国家职业与技术培训委员会和省级政府在为弱势群体设计技术技能培训时，将重点放在传统手工业和农业领域。在传统手工业领域，巴基斯坦培训机构提供了特殊培训项目，涵盖了整个手工艺生产活动的各个环节。由于手工艺工作既可在公共车间进行，也适合在家中完成，并且不需要太多人际交往，是比较适合少数民族群体在工业领域的培训类型。在农业领域，国家职业与技术培训委员会致力于提供与农村地区需求相关的技术技能和创业技能培训，旨在帮助他/她们在当地农业市场中找到就业机会或创业机会。巴基斯坦是农业大国，农业劳动是就业的重要载体，且对技能的精细化要求并不太高，将重点放在农业上，惠及身体强壮、但由于家庭、环境的原因导致受教育程度不高的贫苦地区民众，可以使他/她们通过获得农业技能在农业领域创造更多价值。

可见，巴基斯坦国家职业与技术培训委员会和省级政府通过为弱势群体预留学位、提供助学金和设计特殊培训项目等措施，致力于促进弱势群体的技能培训和个人发展，增加他/她们的就业机会，并减少他们面临的各种限制。

举措五是整合非正规经济体从业者。巴基斯坦“73%的劳动者在非正规经济部门”工作，这些工作“缺乏监管、没有记录，收入和生产力都较低”，工作技能的获得主要通过“师傅—学徒”的方式完成，这种方式“实践技能丰富，但通常只针对特定工作，不便认证”[①]。师傅—学徒模式存在不少弊端：其一，师傅—学徒模式传授的技术是以传统方法传授师傅过去的经验，这导致学习者掌握的技术往往是过时的，无法适应现代化的市场需求与不断发生的产业升级；其二，师傅—学徒模式注重实践技能的传授，但往往缺乏相关的理论知识，这使得学习者在面对复杂的问题和全新挑战时缺乏必要的理论基础和解决问题的创新能力；其三，师傅—学徒模式通常注重特定工作的技能培训，这使得学习者的技能往往局限于特定的工作领域，缺乏跨行业和多领域的可移植性；其四，师傅—学徒模式的技能培训由于不符合标准，难以获得国家职业与技术培训委员会的认证，

① National Vocational & Technical Commission. National Skills Strategy 2009—2013 [R]. Islamabad: Prime Minister's Secretariat, 2009: 22.

这使得学习者的技能无法被广泛认可和接受，限制了她 / 他们的就业机会和职业发展。

巴基斯坦国家职业与技术培训委员会通过“先前学习认证”对非正规经济部门从业者的技能进行认证，“帮助她 / 他们获得国家职业资格，从而获得进入正规劳动力市场的机会”[①]。针对非正规经济部门的技能发展，其一，要进行产业发展评估，了解非正规经济部门的技能需求和就业机会，以此确定培训计划的内容和重点，确保培训与市场需求相匹配；其二，要进行宣传动员，提高非正规经济部门从业者对技能培训的意识，确保其了解培训机会以及培训后的职业发展前景；其三，提供培训和培训后支持，针对非正规经济部门的需求和就业机会开展技术技能、管理技能和基础技能的培训，以提高从业者的技能水平，培训结束后，提供职业发展规划指导，以继续培训的方式提高从业者的事业成功率；其四，技能培训计划应解决“非正规经济部门的法律、信贷和宏观经济环境问题”[②]，包括制定法律法规，加强法律保护，提供金融支持和创造有利的宏观经济环境，以支持非正规经济部门的健康发展，并使其有效融入主流经济。

通过产业需求评估、宣传动员、培训及其培训后支持等创新型方法，有效提升非正规经济部门从业者参加技能培训的机会和参与培训的积极性，助力她 / 他们提高工作效率，实施技能创新，促进产业技术迭代升级。同时，培训管理能力也助力非正规经济部门通过法律、金融等手段，改善非正规经济部门的生产、营销环境，为这些部门走向正规化、高端化创造条件。

举措六是提高技术工人的对外流动性。巴基斯坦的就业市场并不局限于国内，还广泛涉及国际市场，长期以来，通过向国外输出劳动力一直是巴基斯坦获取外汇收入的重要来源。但是，“与其他国家相比，巴基斯坦的外汇收入增长速度较低”，这主要是“国际就业市场对技能的需求类型正在发生变化”[③]。这里的其他国家指的是印度、孟加拉国、印度尼西亚、

---

① National Vocational & Technical Commission. National Skills Strategy 2009—2013 [R]. Islamabad: Prime Minister’s Secretariat, 2009: 22.

② 同上 .

③ 同上 22–23.

斯里兰卡等与巴基斯坦相邻的国家，说明巴基斯坦当时的技能水平与其他国家相比，还不能完全契合劳动力输入国的技能需求，亟须根据国际标准进行技能开发与培训。

在巴基斯坦《国家技能战略》中，明确要求国家职业与技术培训委员会建立“中央信息管理系统”，旨在汇聚国际技能需求数据，尤其是中东地区的技能需求数据，并根据这些需求数据有针对性地培训本国劳动力，培训内容除所需技能外，还需要涵盖“对应语言、东道国的社会文化和法律知识等”，培训方式灵活多样，既可在国内进行培训，也可在“工作国现场培训”，为了使培训实现国际认证，“国家职业与技术培训委员会与国际认证机构建立合作伙伴关系，共同进行联合认证工作”[①]。这一举措旨在使巴基斯坦的海外务工人员能够接受到经过国际认证的培训，获得国际产业需要的技能，能够在目的国实现高质量就业。这不仅能提升巴基斯坦海外务工人员的国际流动能力，还能为他们创造更多就业机会，进而助力其为巴基斯坦带来更多的外汇收入。

举措七是提供职业指导和就业服务。彼时巴基斯坦的“职业指导服务几乎不存在”，导致众多巴基斯坦民众“对不同的培训机会和职业选择知之甚少”；“除了信德省的就业交流所为失业者和初入劳动力市场者提供就业服务外”，其他省“都没有正式的就业安置服务”[②]。由于缺乏职业指导服务，巴基斯坦的潜在从业者无法了解相关的培训机会，从而也限制了她 / 他们的就业机会和职业发展。没有正式的就业安置服务意味着失业者和初入劳动力市场者缺乏与雇主的联系渠道和相关信息资源，在此状况下去寻找适合自己的工作无疑增加了难度。缺乏职业指导和就业安置服务的潜在工作群体可能会选择与自己的能力和兴趣不匹配的职业，从而无法充分发挥自己的潜力，导致人力资源浪费。相应地，这也会导致劳动力市场需求与技能人才供给不匹配，造成企业难以找到合适的技术技能人才，影响到企业的发展和在行业内的竞争力。

为应对以上问题，巴基斯坦各省的技术教育与职业培训局采取积极措

① National Vocational & Technical Commission. National Skills Strategy 2009—2013 [R]. Islamabad：Prime Minister’s Secretariat，2009：23–24.

② 同上 24.

施，“招募就业安置官，以确保所有培训学院都能获得全面的职业指导和就业安置服务”[①]。各省技术教育和职业培训局发布招聘公告，招募具有相关背景和经验的专业人员担任就业安置官。这些就业安置官将接受国家职业与技术教育委员会提供的培训，以使其具备提供职业咨询、培训咨询和就业市场信息分析的能力。就业安置官与职业培训学院和行业的人力资源部门建立联系，了解每所职业学院的培训项目、学生需求、行业需求和就业机会，努力使职业学院的培训水平与行业企业认可的能力标准相一致，并帮助学生更好地适应行业需求。此外，各省技术教育与职业培训局和省级政府部门合作，共同开发劳动力市场信息管理系统，通过这个系统提供就业市场信息，搭建起雇主与潜在就业者联系的桥梁，帮助学生找到合适的工作。

国家职业与技术培训委员会在这一过程中要制定职业指导和就业安置服务政策，加强对省技术教育与职业培训局相关工作的监督。省技术教育与职业培训局要联合职业技术培训学院、行业企业，认真开展职业指导和就业安置服务，并将执行绩效上报给国家职业与技术培训委员会。通过不断监督、执行、调整，旨在不断提高劳动力市场需求与技术技能人才供给的匹配度，对接产业需求信息，从而提高学生的就业竞争力，为后续促进学生的职业生涯发展奠定基础。

举措八是在学校提供职业教育。传统上，巴基斯坦职业教育与普通教育是“相互独立的领域，几乎没有交叉”，“大多数人喜欢普通教育而不是职业教育”，导致“一些在普通教育中表现不佳，但可能从职业教育中受益的学生仍然无法发挥她/他们的潜力”[②]。这种教育状况对巴基斯坦经济发展和学生职业发展均不利，产业界无法获得高端技术技能人才供给，学生不愿意接受职业教育，希望走普通教育的道路，即便对学术学习不感兴趣的学生也只好从众发展，结果虽然接受的是学术教育，但因缺乏兴趣而难以取得显著成就。为了改变这一状况，巴基斯坦在其《中期发展框架（2005—2010年）》（Medium Term Development Framework，MTDF 2005—

① National Vocational & Technical Commission. National Skills Strategy 2009—2013 [R]. Islamabad: Prime Minister's Secretariat, 2009: 25.

② 同上 26.

2010）中就提出在普通教育中加入职业教育[①]，旨在为经济进步和社会发展供给产业需要的技术技能人才。

在国家技能发展战略中，巴基斯坦倡导引入“中学技术教育”（Matric—Tech）[②]，在中学阶段进行教学改革，引入职业教育课程，为学生提供与职业相关的技能教育，学生在学习理论课程的同时，有机会学习与行业相关的技能，使他/她们能够在完成学业后直接进入就业市场或继续接受更高水平的职业教育。这一改革旨在打通传统普通教育和职业教育之间的界限，为学生提供更长久的职业生涯和更广泛的就业选择，同时也能吸引对职业教育感兴趣的生源参加技术技能学习，更容易培养高端技术技能人才，从而满足产业市场的需求。

在普通教育中加入职业教育，能有效提高职业教育的声誉和吸引力，使学生和家长认识到职业教育的重要性和发展潜力，有助于减少学生对传统学术教育的依赖，为他/她们提供更多的选择和机会。但是，这一路径需要整体规划，尤其当学历教育在学生、家长心中占有重要地位的情况下，从顶层设计方面开展深层次职普融通变得更为重要。除了在中学阶段设计职业教育外，还要在本科、硕士、博士层面设置职业教育，职普融通需要纵向贯通。纵向上，从中职、高职、本科、硕士到博士，形成贯通式培养；横向上，普通教育与职业教育教学资源融通，共享理论知识、技术技能、教学装备和产教融合等优质资源，为学生发展提供多样化的选择。

举措九是提高技能发展的地位。在巴基斯坦，“技术教育与职业培训的社会地位很低，一般被认为是无法获得普通教育时才会选择，通常被视为最后的选择”[③]。为此，巴基斯坦国家职业与技术培训委员会与各省技术教育与职业培训局协调提升技术教育与职业培训的社会地位：其一，设计“特定激励项目”（Special Motivation Campaigns），向人们展示“技能培养与改善生活、促进就业是如何相关的”；其二，举办技能竞赛，“鼓励学生参加国际技能竞赛，以提升技能培训的认可度和声望”；其三，由国家

① National Vocational & Technical Commission. National Skills Strategy 2009—2013［R］. Islamabad：Prime Minister’s Secretariat，2009：26.

② 同上.

③ 同上.

职业与技术培训委员会设立专门奖项，“认可技能工人的成果”，树立技能人才模范[①]。

设计“特定激励项目”可以通过就业保障计划和创业支持计划来展示技能培训与改善生活、促进就业的相关性。基于就业保障计划，与雇主合作，提供就业保障服务，确保参加技能培训的学生能够获得就业机会，向人们展示技能培训与就业之间的直接联系，增加人们对参与技能培训的兴趣；基于创业支持计划，提供创业支持服务，帮助参加技能培训的学生充分利用自身的技术技能，创造出创新型产品，将自己的技术技能商业化，确保技术产品能够满足市场需求并具有商业竞争力，从而表明技能培训有效助力技能创业。

参加国际技能竞赛可以提升技能培训的认可度与声望。国际技能竞赛通常具有较高的社会声誉，学生在国际技能竞赛中获得良好的成绩会为她/他们所接受的技能培训增加认可度。参加国际技能竞赛要求学生展示高水平的技能和专业知识，这倒逼技能培训机构提高培训标准，以确保学生能够胜任国际技能竞赛。参加国际技能竞赛还可以促进与其他国家技能培训机构和专业人士的交流与合作，这有助于分享先进技术，从而扬长补短，提升技术技能水平。

国家职业与技术培训委员会设立专门奖项来表彰技能工人的成就，将技能工作置于公众视野中，这有助于改变社会对技能工作的认知和态度，进而提高技能人才的社会地位。获得专门奖项的技能工人成为榜样，激励其他人追求技能培训，这有助于培养更多的技能人才。专门奖项的设立需要得到行业的认可和支持，这促使行业更加重视技术技能培训和技能工人的贡献，进一步提升技能人才的社会声誉和地位。

通过制定特定激励项目、参加国际技能竞赛和设立专门奖项等措施，协同提升职业教育与技术培训的社会地位，树立技能人才模范，在社会上营造起技能成才、技能立身、技能强国的良好风尚，提升国民对技能教育与培训的认可度。

---

① National Vocational & Technical Commission. National Skills Strategy 2009—2013［R］. Islamabad：Prime Minister’s Secretariat，2009：27.

3. 保障技术培训质量

目标三是“保障技术培训质量”。在巴基斯坦，职业技术教育的质量并非整齐划一，“不同地区、不同学院差异甚大”，这主要是由于“缺乏统一的质量保障措施”[①]。培训质量差异大意味着一些学生能获得较高水平的技能培训，而另一些学生则只能接受较低质量的培训，这样就导致就业市场上的不公平竞争，使那些接受较低质量培训的学生在就业市场上不具有竞争力比较优势，难以获得理想的就业机会，造成培训资源浪费。不同地区和技术学院之间的培训质量差异可能导致技能失衡，某些地区或技术学院可能更加专注于一些特定技能的培训，而忽视其他技能的培训，这可能导致技能供需不匹配，造成一些技能短缺而另一些技能过剩。为此，巴基斯坦制定了六项改革举措，来保障技术培训质量：（1）精简政策制定；（2）建立国家职业资格框架；（3）注册和认证培训机构；（4）改革培训机构的管理；（5）师资培训；（6）开展研究[②]。

举措一是精简政策制定。巴基斯坦职业教育政策由不同部门制定，换言之，不少部门都制定了自己的职业教育与技术培训政策，不少政策有交叉、重复甚至冲突的条目，造成职业技术教育政策重复制定、重复落实，不仅浪费了人力、物力，而且由于资源分散导致效果不佳。巴基斯坦很多联邦部委和省级部门都“参与到技能发展中，每个部门往往都有自己的任务和策略，这导致任务和策略的低效及其两者之间的不一致，使质量保障变得非常困难”[③]。这种分散决策的结构导致不同部门在制定自己的技能发展任务和发展策略时，缺乏统一的政策指导框架，方针政策缺乏整体协调性，造成不少资源重复投入的状况，导致教育资源浪费。另外，不同部门和机构在技能发展中可能会存在竞争关系，相互争夺有限的技能培训资源，甚至造成恶性竞争，导致技能资源消耗。

为此，国家职业与技术培训委员会要制定统一的政策框架和指导方

① National Vocational & Technical Commission. National Skills Strategy 2009—2013 [R]. Islamabad: Prime Minister's Secretariat, 2009: 28.

② 同上 28-34.

③ 同上 28.

针，确保联邦部委和省级部门各个机构在技能发展中遵循一致的目标和策略。“巴基斯坦国家职业与技术培训委员会比较不同部门和机构的技能发展任务，通过协商消除重复任务”，在制定改革计划时，“确保所有利益相关方参与制定目标、设计活动、确定责任，在共同技能发展目标上实现协同、共生”[①]。国家职业与技术培训委员会要建立有效的协调机制，促进不同部门和机构之间的合作与协同，避免重复和冲突，通过建立资源共享和协作机制来提高资源配置效率，确保资源的合理分配与有效利用，避免技能培训资源的重复和浪费。通过这些措施，巴基斯坦可以促进不同部门和机构间的协调与合作，提高技能发展的效率和质量保障水平。

举措二是建立国家职业资格框架。建立国家职业资格框架的目的是提供一种结构化的方式，将不同层次的资格证书联系起来，使学生和从业者能够在不同领域之间进行比较、升级、转换。在巴基斯坦，“从基础教育到职业教育，从职业教育到高等教育的途径有限，没有学分转移系统，学徒制与国家职业资格之间也缺乏正式联系”[②]。基础教育与职业教育，职业教育与高等教育之间缺乏学分转移和课程对接机制，接受职业教育的毕业生难以步入高等教育，反之亦然。为了充分发挥职业教育与普通教育各自的优势，需要建立一种机制实现两者的对接和学分转移，学生可以根据自己的兴趣、特长，选择自己的教育道路。

缺乏学分转移系统阻碍了学生在不同教育类型之间转移学分，从而阻断了跨类型学习的连续性和累积效应，学生在完成职业教育后，不能将所获得的学分用于高等教育阶段，若要升入高等教育，需要重新经过普通教育的课程学习，这势必导致重复学习和资源浪费。

学徒制与国家职业资格之间缺乏正式联系，这导致学徒制为学生提供的实践经验和技能培训难以获得认证，被认为是较低层次的职业教育，造成学徒制的社会认可度逐年降低，师傅的一手技术经验难以得到有效传承，对技能感兴趣的学生也不愿意走“师傅—学徒”的培训模式，而是选择正规职业学院，这极大影响了学徒制的人才培养成效。

① National Vocational & Technical Commission. National Skills Strategy 2009—2013 [R]. Islamabad：Prime Minister's Secretariat，2009：28.

② 同上 28–29.

因此，“巴基斯坦国家职业与技术培训委员会与联邦教育与职业培训部、省技术教育与职业培训局合作，制定和实施国家职业资格框架”[①]。国家职业与技术培训委员会、联邦教育与职业培训部、各省技术教育与职业培训局三方就职业资格框架的目标、结构、评估标准等方面进行深入讨论与协商，确保三方的需求得到充分体现。三方合作收集和分析相关数据，包括不同教育阶段的学生数量、课程设置、培训机构的分布等，这些数据为制定国家职业资格框架提供重要的参考。三方合作制定评估和认证标准，对培训机构的师资、教学装备、校企合作、就业服务等方面进行评估和认证，确保培训机构符合国家职业资格框架要求。三方合作共同监督和协调国家职业资格框架的实施，确保职业资格框架的有效推动和持续改进。

举措三是注册和认证培训机构。培训机构首先要提供必要的法定文件和经营者、机构设施、技术装备等信息，向各省技术教育与职业培训局注册。之后，省技术教育与职业培训局根据国家职业与技术培训委员会关于培训机构在“教师资质、设备设施、财务管理、与私营部门合作、职业指导、就业安置服务、培训教师和管理人员的专业发展、毕业生就业率”等方面的要求进行“评估、排名、认证”[②]。根据评估标准的权重和得分来对培训机构进行排名，以反映培训机构在各个方面的表现。所有培训机构的排名由国家职业与技术培训委员会“检查和验证”[③]，从而保证各省培训机构评估、认证的公平、公正。

在评估和排名之后，符合国家职业与技术培训委员会要求的培训机构获得认证。之后，培训机构根据认证时的标准接受持续性的评估、监督和审核，以确保培训机构在教学质量、基础设施、资源装备和财务管理等方面的持续改进与合规性，再次评估不合格会被取消认证。

通过这一评估过程，可以确保培训机构达到国家统一要求的标准，从而确保培训机构能持续提供高质量的培训。此外，评估、排名、认证和持续性评估的机制也可以促进培训机构之间的竞争，激励其提高绩效和质

---

① National Vocational & Technical Commission. National Skills Strategy 2009—2013 [R]. Islamabad：Prime Minister's Secretariat，2009：29.

② 同上 29–30.

③ 同上 30.

量，以满足产业发展的需求。

举措四是改革培训机构的管理。巴基斯坦公共职业教育机构由省技术教育与职业培训局集中管理，“缺乏行政自治”，公共职业教育机构“无法就课程、财务、人事管理、参与的行业等关键问题做出决策”[①]。集中化的决策管理制约了职业技术院校根据产业发展需求进行专业、课程设置等方面灵活调整的自主决策能力，容易造成学生所学的技能与实际就业需求脱节。无法自主决策财务管理会导致学校难以有效管理资源，学校可能面临资金短缺、设施和设备不足或陈旧等问题，影响学校教学设备的更新以及相应教学环境的改善。没有人事管理权会导致学校无法根据实际技术发展需求引进特需人才，只能根据省技术教育与职业培训局的统一规定招聘教师，时常面临特需人才若不符合省局要求就无法引进的窘境。另外，集中化的决策可能导致冗长的决策过程和繁琐的行政程序，从而降低学校的运作效率。彼时巴基斯坦的培训机构“强调数量扩张和产出，而不是对学生绩效和成果的监测”[②]。数量扩张容易稀释优质职业教育资源，导致教学质量下降和学生就业能力不足。总之，缺乏行政自治限制了巴基斯坦职业技术学校的适应能力和创新能力，降低了职业技术培训质量和学生的就业能力。

为此，巴基斯坦各省技术教育与职业培训局加强学校的行政自治，给予其更多的财务管理权限，同时注重对职业技术学校领导和管理干部的培训，让其“理解改革，领会到改革的影响作用”，并且培养其“引领改革的能力”[③]。培训首先应涉及改革的背景、动机、程序和预期成果，帮助校领导和管理干部对改革有一个全面的认识；其次，培训要深入分析改革对学校的影响，包括课程、财务和人事管理、参与的行业等方面的变化，以便了解改革对学校运行的具体影响；再次，培训应从领导力发展、变革管理和战略规划等方面培养管理干部的领导能力，使她/他们能够有效地引导和推动改革；最后，培训应结合实际情况和学校的具体需求，通过案例

---

① National Vocational & Technical Commission. National Skills Strategy 2009—2013 [R]. Islamabad：Prime Minister's Secretariat，2009：30-31.

② 同上 31.

③ 同上 31.

研究、角色扮演、团队讨论等互动方式，使校领导和管理干部能够将培训内容与实际工作结合起来，提升他们应对实际挑战的能力。巴基斯坦职业技术院校管理的行政自治是一项重要改革，对校领导和管理干部的固有工作模式产生很大冲击，原来习惯于等待省技术教育与职业培训局的工作安排，现在需要根据产业发展需要，制定自己的工作计划，推动各项事业发展，开展现代管理体系培训，并且需要不断创新。

举措五是师资培训。在巴基斯坦职业教育与技术培训体系中，“教师培训的协调性不足，并受到时间限制、设备不足、资金不足以及缺乏培训激励等问题的影响”[①]。巴基斯坦职业教育教师培训缺乏协调，各省，甚至各个机构之间的培训计划和内容多不一致，旁遮普省教师培训比较完善，其他省则多处于不完备状态。另外，各个培训机构之间缺乏有效的合作与沟通，无法形成统一的培训标准和培训方法，这样容易导致培训质量不同，难以做成品牌，难以形成优质培训资源。受到时间限制的影响，教师往往无法长时间离开工作岗位参加培训，无法获得足够的培训时长和培训机会，限制了她/他们接受能持续发展其自身专业能力的培训。很多教师培训机构缺乏必要的机器设备和技术资源，无法提供高质量的培训资源，影响了教师培训成效。教师培训机构还面临资金不足的问题，不少省对技能培训机构实施“低预算，导致培训越来越依赖国家级机构，如国家科学技术研究所和国家培训局，这些机构虽然设施先进，但远在伊斯兰堡，另外受训教师很难长时间离开工作岗位”[②]，资金不足限制了教师培训的高质量发展，过度依赖国家级机构的培训，机会有限，并且还有很多时间、工作方面的限制，导致培训难以成规模展开。教师培训还缺乏相应的激励措施和晋升机制，使得他/她们参加技术技能培训的积极性不高。

为此，巴基斯坦国家职业与技术培训委员会制定了职业教育教师的“能力标准”、“教学标准和评估标准”，并基于此与省技术教育与职业培训局合作，实施“与持续专业发展相关的教师激励机制”，省技术教育与

① National Vocational & Technical Commission. National Skills Strategy 2009—2013 [R]. Islamabad: Prime Minister's Secretariat, 2009: 31.

② 同上 32.

职业培训局遴选教师实施培训[①]。

巴基斯坦国家职业与技术培训委员会借鉴国外职业教育教师能力标准的制定经验，与省技术教育与职业培训局、职业技术培训机构、行业代表和相关专家等利益相关方进行深入研讨，确定职业教育教师的核心职责、技术技能和知识要求，在此基础上，制定职业教育教师的能力标准框架，涉及对教师在特定领域的专业知识、教学技能、评测能力、学生指导能力和技术支持能力等方面的要求。基于职业教育教师能力标准框架，国家职业与技术培训委员会制定教学标准，明确职业教育教师在教学过程中的期望表现，涉及对教学方法、课程设计、学习资源和教育技术等方面的要求。基于能力标准框架，国家职业与技术培训委员会制定了评测标准，明确职业教育教师在评测学生学习成果和技术能力时的要求，包括对评测方法、评分标准、评测工具和评测程序等方面的要求。国家职业与技术培训委员会邀请相关专家对教学标准和评测标准进行评审，确保两类标准的准确性和有效性。

国家职业与技术培训委员会与省技术教育与职业培训局等利益相关方合作，制定职业教育教师能力框架，推动职业教育教师培训，确保教师在职业教育领域具备必要的知识、技能和素养，为教学质量提升和学习成果准确评测打下坚实的师资基础。

举措六是开展研究。在巴基斯坦，“关于技能发展的系统性研究非常少”，只有一些“宏观层面的研究”，不足以做出对于职业教育培训的“明智决策”，另外，技能发展研究还需要与其他研究相结合，如“行业调查、追踪研究、就业机会调查、劳动市场信息研究”等，在行业调查中，要有“更深入、系统、多维的研究，为制定技能发展政策提供信息，帮助设计并有效实施方案”[②]。追踪研究旨在通过职业教育毕业生的就业率、就业领域、薪资水平等指标，追踪毕业生的就业情况和职业发展，以评估职业教育成效。就业机会调查就是收集就业市场的数据，了解不同行业的就业趋势、技能需求和薪资水平等信息，指导职业教育培训的相关课程设置

---

① National Vocational & Technical Commission. National Skills Strategy 2009—2013 [R]. Islamabad：Prime Minister’s Secretariat，2009：33.

② 同上.

和相关内容调整。劳动市场信息研究旨在通过调查、数据分析和模型预测等方法，提供关于劳动市场的综合信息，以支持职业教育的规划和决策。这些研究可以帮助政府、职业教育主管机构了解职业教育培训的现状和需求，从而助力培训政策的精准制定和技术教育资源的有效配置。

巴基斯坦国家职业与技术培训委员会建立了一个“信息管理系统”，收集相关机构送来的信息，涉及“技能需求、技能发展最佳实践和技能新兴趋势”[①]。这意味着国家职业与技术培训委员会建立了一个集中的平台，用于收集、整理和管理与技术技能发展相关的信息。这个信息管理系统通过收集来自不同产业、行业和企业的数据，记录有关技能需求的信息，经过统计分析做出推测，即哪些技术技能目前很受欢迎，哪些技术技能将来可能会有更多的需求等，这有助于指导培训机构开设与产业市场需求相匹配的课程项目。信息管理系统还收集和分享技能发展的最佳实践，涉及教学方法、课程设计、实习计划、师资培训等方面，通过分享最佳实践可以促进不同机构之间的合作与学习，将优质资源在新的环境中进一步扩大，这不是对优质资源稀释，而是让优质资源在新的培训环境中，获得更多的滋养，发展为更大的优质资源，从而有效提升整个职业技术教育体系的质量。信息管理系统还关注技能发展的新兴趋势，了解新兴行业和职业的发展方向，以及相关技能需求，帮助培训机构及时调整课程项目，以未来的技术需求，培养今天的人才，对接未来学生毕业时的就业技术需求。

在收集职业技术教育相关信息的基础上，国家职业与技术培训委员会进行了宏观和微观层面的研究。宏观层面，研究“技能发展对于广泛社会发展目标的影响，如消除社会贫困和实现性别平等”；微观层面，研究“国内外劳动力市场新兴趋势、新型培训方法、培训效果与影响，以及培训获取障碍”等方面[②]。

宏观层面研究关注技能培训对于实现社会发展目标的影响，这种研究通常从更广泛的角度考虑技能发展的社会影响。宏观层面研究可以通过分析大规模数据，评估技能发展对社会经济进步的贡献，如调查职业技术教

① National Vocational & Technical Commission. National Skills Strategy 2009—2013 [R]. Islamabad: Prime Minister’s Secretariat, 2009: 33.

② 同上 34.

育对贫困人口的就业机会和收入水平的影响，以及职业技术教育对促进女性进入职场、提升社会性别包容性的作用。这种研究有助于政策制定者了解职业技术教育的社会价值和社会影响。为了取得更好的社会效益，实现人人就业、乐业，实现性别平等，提高女性的社会地位，从宏观政策层面对职业技术教育培训予以支持是非常必要的。

微观层面研究则更加专注于具体的劳动力市场和培训实践，可以通过实地调查、现场访谈和案例分析等方法，深入了解个体和组织层面的培训实践和经验。可以研究特定行业或职业的培训需求和培训方案的设计与实施情况，以及培训对个体就业和职业发展的影响。这种研究有助于提供实证证据，指导培训机构及其管理组织优化培训内容和培训模式，以便更好地满足劳动力市场需求。

综上所述，宏观和微观层面的研究在职业教育领域中扮演着重要角色，两者相互补充，帮助职业教育管理机构从不同层面和角度理解和改进职业教育的政策设计、具体培训内容和培训模式实践。

（四）政策的优势与不足

《国家技能战略（2009—2013 年）》的制定对于推动巴基斯坦职业教育发展发挥了重要作用，这是巴基斯坦首次从国家层面制定政策推动职业教育与技术培训。这一技能战略在梳理传统职业教育发展不足的基础上，提出了全新的发展范式，并提出了具体的改革举措，这一战略的优势很多，我们择其重要的四点优势，作较为深入的总结。

第一，优化职业教育与技术培训体系。《国家技能战略》强调了这一体系中各利益相关方之间合作与协调的重要性。相关政府机构、行业、企业和培训机构均参与到职业教育体系的建设与改革中，协同开发教学资源、改进教学模式、优化课程设置、提高技能培训质量，在协同创新中推动技能发展项目。《国家技能战略》专门提到建设行业卓越中心，由国家职业与技术培训委员会制定行业卓越中心认定标准，省技术教育与职业培训局按照国家标准遴选相关职业院校，专门面向特定行业技术需求开展技能培训，同时也要求行业、企业分享最新的技术与设备，参与行业卓越中心的教学资源开发。《国家技能战略》意在加强职业教育利益相关方的合作伙伴关系，该战略充分认识到行业、企业参与技能发展的重要性，强调培训机构与企业、行业协会的密切合作，企业、行业协会能直接参与职业教育和技术培训的决策和具体实施，以确保所培训的技能与行业、企业要求相一致，有助于搭建起职业教育和技能就业之间的桥梁。为保证校企合作的质量，国家职业教育管理部门有必要制定相关准入标准，制定遴选机制，省级主管部门通过具体政策推动行业卓越中心遴选、建设、运行、评估，监督各利益相关方的实际参与，特别是协调行业、企业、职业院校在建设和运行过程中的相关投入。

第二，提高学徒制的质量。《国家技能战略》的目标是创新学徒模式，改变传统学徒制中绩效性不强的弊端，提高学徒制质量，以确保企业员工能够真正获得工作实际需要的技术技能培训。通过国外成功学徒制最佳实践展示，转变对学徒制的传统认知，提升企业对学徒制的认可度，鼓励其实施高质量的学徒制，企业按照人数比例和学时比例要求，为员工提供在工作环境中参加高质量培训和技术指导的机会。企业通过实施学徒制成为产教融合型企业，在从事生产建设的同时，实施技术技能教育。国家职业与技术培训委员会制定标准，根据市场需要扩大学徒制的行业种类，尤其增加适合女性就业的学徒制项目。省技术教育与职业培训局组织产教融合型企业开发新型学徒制项目，通过模块化和信息化提升培训内容、培训时间的灵活性，通过标准化保障学徒制项目的规格统一，通过有效监管机制监督学徒制的实施过程，确保学徒制的实施质量。

第三，改善职业指导、就业和创业服务。职业指导服务是让潜在学生主动接受职业教育的前提。职业指导服务通过对个人的职业兴趣进行测试，帮助个人了解自己的兴趣特长和职业取向，有利于个人确定适合自己的职业发展道路。在此基础上的职业规划助力其未来的职业选择，并洞悉在职业道路上取得成功的方法。可见，职业指导服务促使个人理性选择适合自己的职业技术，进入相应的职业院校或行业卓越中心开展学习与培训。不了解职业教育对于个人职业发展的前景，很难充满信心地进入职业技术院校。就业服务是职业教育的出口环节，省技术教育与职业培训局建立就业服务中心，这一中心与雇主和行业专业人士深度合作，负责职业院校学生的就业服务工作，专门提供权威的就业咨询和准确的就业信息，并提供高质量的就业职位。创业是技术、财务、管理和市场营销等多种职业技能的综合运用，也是对职业技术培训的综合性检验，职业技能的提升可以提高创业者在市场竞争中的优势。具备高端专业技能，可以更好地理解技术市场需求，能够提供优质的产品或技术服务，从而获得竞争优势，增加创业成功的可能性。就业服务中心将为有创业意愿的个人提供创业培训和资源支持，从而使其更好地应对创业过程中的各种挑战。

第四，促进平等接受技能教育。《国家技能战略》致力于确保所有巴基斯坦人都能平等接受技能教育，不论性别、年龄、种族、社会背景，甚至健康与否。弱势群体拥有了适应其特殊需求的培训环境和技术资源。《国家技能战略》充分利用信息技术带来的便捷优势，开发数字培训资源，节省弱势群体的培训成本，同时积极采取措施消除弱势群体面临的歧视，在农业、手工业等领域开拓就业职位，积极为弱势群体顺利就业做好服务工作。《国家技能战略》计划为所有人提供发展和实现自己潜力的平台，促进社会的包容性、公正性、公平性。

然而，巴基斯坦《国家技能战略》也存在一些不足之处，主要体现在实施过程中面临不少挑战，尽管《国家技能战略》聚焦产业发展技术，扩展技能培训覆盖面并保障技能培训质量，但在实际实施过程中依然面临不少困难。

第一是技能发展经费不足。2009—2013 年，巴基斯坦的经济状况面临一系列的挑战，2009 年，巴基斯坦安全部队对西北边境省的斯瓦特河谷地区的塔利班组织开展军事行动，2011 年，本·拉登在巴基斯坦北部城市阿伯塔巴德（Abbottabad）被美军突袭击毙，这些军事行动在打击恐怖主义的同时，也对巴基斯坦的经济发展产生了不少负面影响，随着安全压力增大，巴基斯坦不得不加大军费开支，这也导致其工业投资减少。另外，巴基斯坦“税收不合理导致工业部门税负过重”，“针对再投资的高税率严重限制了工业企业扩大再生产和升级产能的积极性”[①]。安全局势不

① 刘锦前，等.“一带一路”国别研究报告巴基斯坦卷［M］. 北京：中国社会科学出版社，2022：130.

稳定、产业发展缓慢造成经济增长率下降、通货膨胀率上升、外汇储备压力以及财政赤字等问题，导致巴基斯坦政府无法将稳定的资金投入到技能发展项目中，造成职业培训和技能开发资金短缺，计划的培训设施建设、教育资源采购、师资培训投入等方面大都无法达到预期效果。

第二，私营企业投资不足。职业教育培训主要依靠公立职业教育体系，《国家技能战略》中虽然明确了激励私营企业投资职业教育与技术培训的措施，但由于经济不稳定和金融体系薄弱，金融机构对私营企业的支持方式单一且规模偏小，这些企业在技能战略实施期间融资困难，使得其难以获得足够的资金来扩大业务和投资，更无法拿出足够的资金支持职业教育与技术培训项目。虽然政府提出与私营企业合作，分担培训成本并认证课程，但由于财政资金紧张，政府对于培训成本的分担份额并不大，再加上私营企业受盈利性、回报率等主观倾向的影响，自身也不愿意对职业技能开发与培训加大投入。上述原因导致私营企业对职业教育的投入不足，缺乏市场化的职业教育投入势必影响到其发展质量。

第三，部门之间协调困难，职业培训效率低。《国家技能战略》中阐述了不同部门协调与合作的重要性，并要求国家职业与技术培训委员会制定统一的政策和标准，各职业教育主管部门按要求、按标准组织职业教育与技术培训。但在现实中，不同部门之间职责重叠、权责不清的问题依然没有解决，这些部门之间缺乏有效的沟通渠道，使得信息共享非常困难，职业技术培训信息不对称造成重复培训和教育资源浪费，相关技能培训政策也不协调，甚至有些部门之间还存在利益冲突，每个部门争夺自身资源，无视整体效益，这将不利于国家在职业教育与职业培训的整体规划。

第四，覆盖范围依然有限。《国家技能战略》主要集中在特定的优先领域，针对特定行业建立卓越中心，这意味着其他职业教育发展项目难以获得重视，导致技能发展机会的不均衡分布，限制了《国家技能战略》的覆盖范围和影响力。《国家技能战略》将主要关注点放在国家经济发展的重点和支柱产业，并投入大量资源来支持这些领域的技能培训和发展，包括建设专门的培训设施、提供教育资源和培训师资，但对其他产业的技能发展项目就缺乏足够的资源支持，这导致这些产业的技能水平滞后，无法满足市场需求，从而限制了这些产业的发展潜力。技能发展机会的不均衡分布可能导致地区之间或社会群体之间的不平等。如果技能发展项目主要集中在特定地区或特定社会群体，其他地区或社会群体可能无法获得同等的技能发展机会，从而加剧了地区发展差距和社会不平等。

第五，缺乏监测和评估体系。《国家技能战略》虽然提出建设国家职业资格框架和认证职业培训机构，并对培训机构和培训质量进行评估，但是依然缺乏一个健全的技能发展监测体系，缺乏系统化的监测方法和评估工具，无法有效收集、分析和解释技能发展项目的数据和信息，无法为职业教育利益相关方评估技能发展项目的培训质量、培训绩效和就业机会等。缺乏系统化的技能发展监测体系意味着巴基斯坦无法全面评估技能发展项目的实施效果和影响，这使得政府和利益相关方难以了解技能发展项目的成功因素和问题所在，无法准确评估项目所带来的经济、社会和就业效益。没有这样的监测体系，也就很难确定技能发展项目的改进方向，以及未来技能发展的干预重点和优先事项。因此，建立技能发展监测体系是巴基斯坦《国家技能战略》有效实施的当务之急。

二、促进增长和发展的技能：国家职业教育培训政策

巴基斯坦联邦教育与职业培训部在 2018 年颁布了一项国家职业教育政策，即《促进增长和发展的技能：巴基斯坦技术与职业教育培训政策》（Skills for Growth & Development：A Technical and Vocational Education and Training（TVET）Policy for Pakistan）（见图 5.2），名如其意，巴基斯坦联邦教育与职业培训部就是想通过这一政策发展职业教育，促进经济增长和社会发展。巴基斯坦时任联邦教育与职业培训部部长穆罕默德·巴利格·雷曼（Muhammad Baligh ur Rehman）成

图 5.2　促进增长和发展的技能：巴基斯坦技术与职业教育培训政策

立了一个工作组，用来制定职业教育政策，该工作组受到“技术与职业教育培训改革支持项目”（TVET Reform Support Programme）的赞助，该项目由德国联邦经济合作与发展部（German Federal Ministry for Economic Cooperation and Development，BMZ）委托，由德国国际合作机构具体实施，并且受到欧盟、荷兰大使馆、德国、挪威大使馆的资金支持①。

德国联邦经济合作与发展部（BMZ）②是德国政府负责制定和执行国际经济合作与发展政策的部门，其任务是通过提供资金支持和技术援助，帮助发展中国家增长经济、减少贫困。德国国际合作机构是德国一家全球服务公司，其主要委托方为德国联邦经济合作与发展部，主要任务是通过提供技术援助、技术培训和咨询服务实施德国的合作项目。在此次巴基斯坦职业教育政策制定过程中，德国联邦经济合作与发展部通过提供政策制定方面的支持，协助巴基斯坦改进其职业教育体系。

可见，巴基斯坦的职业教育政策由德国国际合作机构协助制定，属于德国对巴基斯坦职业教育援助的一部分，并且欧盟、荷兰大使馆、挪威大使馆也提供了资金支持。巴基斯坦在发展职业教育的过程中，充分利用了欧洲对于发展中国家的援助政策，有力缓解了其在智力资源和资金支持方面的不足。政策的制定包含多方参与，国家元首支持，联邦教育与职业培训部作为政府主管部门成立工作组，专门牵头推动政策制定，国家职业与技术培训委员会作为职业教育主管部门、雀巢巴基斯坦有限公司作为企业代表、巴基斯坦工商业联合会作为行业代表都参与了政策的制定，体现了政府、行业、企业与国外资源的协同。

（一）利益相关方参与政策制定

巴基斯坦各级政府非常支持《巴基斯坦技术与职业教育培训政策》，

---

① Ministry of Federal Education and Professional Training. Skills for Growth & Development: A Technical and Vocational Education and Training（TVET）Policy for Pakistan［R］. Islamabad：NAVTTC，2018：2.

② BMZ为德国联邦经济合作与发展部德语（Bundesministerium für wirtschaftliche Zusammenarbeit und Entwicklung）的简称。

时任总理沙希德·哈坎·阿巴西（Shahid Khaqan Abbasi）指出，过去职业技术教育被认为是“教育领域的劣质选择”，要改变这一状况，就需“盘活资源”，建立“公立与私立部门基于信任与共同目标的合作”，目前《巴基斯坦技术与职业教育培训政策》“致力于投资技术开发，适应快速发展与变化的全球经济，……巴基斯坦政府坚定不移地支持这一政策的实施，鼓励技术与职业教育服务国内外劳动市场”[①]。从其总理的讲述中，可以看出，巴基斯坦意识到职业教育与技术培训对于其国家发展的重要作用，而这种教育与培训模式，在过去获得的重视严重不足。根据巴基斯坦《2025年愿景》（Vision 2025），实现国家发展的重要支撑就是技术技能人才，巴基斯坦青年人占据国家人口的60%，具有雄厚的人力资源潜力，青年人们获得优质的职业教育与技术培训，会为国家产业发展与经济进步提供重要的技术技能人力资源支撑。

巴基斯坦教育和职业培训部时任部长穆罕默德·巴利格·雷曼（Muhammad Baligh ur Rehman）指出，制定这项政策主要基于“国内外对技术劳动力的新兴需求，……而目前关于技术发展未来的规划中，还没有将政府、雇主、工人团结起来的愿景，引进的技术与职业教育培训体系还没有整合国家和省两级力量，切实地发挥作用，……这项政策提出了重大议程，并突出了仍需进一步开展工作的相关政策领域”，“技能开发是国家优先投资领域，……联邦教育与职业培训部致力于相关政策的实施”[②]。巴基斯坦在2009年引进了技术与职业教育培训体系，但是还没有与国家的实际相结合，框架体系已经建立，但是体系组成部分的内涵建设还处于较低水平，难以支撑巴基斯坦经济社会发展需要，对满足巴基斯坦青年人就业需求方面的作用还没有充分发挥。由于缺乏对职业教育与技术培训统一的愿景，各利益相关方在这方面没有形成一致的奋斗目标，这就有必要建立更加切实的技术与职业教育培训政策，整合联邦政府、省级政府、产业、行业、企业等多方力量，推动职业教育高质量发展，为经济发展提供

① Ministry of Federal Education and Professional Training. Skills for Growth & Development: A Technical and Vocational Education and Training (TVET) Policy for Pakistan [R]. Islamabad: NAVTTC, 2018: 4.

② 同上 6.

高端技能人才供给。正如黄炎培所言："只从职业学校做功夫，不能发达职业教育；只从教育界做功夫，不能发达职业教育[①]。"职业教育要想获得全面质量提升，仅从学校和教育界开展工作远远不够，必须由政府、产业、行业、企业、学校共同参与，通过多方联动，协调各方优质教育资源，发展职业教育。

国家职业与技术培训委员会时任执行主任祖尔菲卡尔·艾哈迈德·奇玛（Zulfiqur Ahmad Cheema）认为："当前公共技术与职业教育培训体系培养的技能在我们快速发展的经济中不再需要，受训学生已经不能融入工作市场，如今这项国家技术与职业教育培训政策及时且必要，该政策提出了经济和技能更紧密整合发展的建议，尤其是国家认证体系、评测体系的建立，让每一个人不论通过何种路径获得技术和工作经验，都能依此获得资格认证[②]。"巴基斯坦公共技术与职业教育培训体系已经不能适应当代经济社会发展对技术技能人才的需求，需要加强联邦政府、省级政府、企业雇主和职业技能培训机构的合作，共同培养国家经济社会发展急需的技术技能人才。国家职业资格体系建设也得到加强，除通过正规培训机构外，通过企业实践、私立培训机构等渠道获得的技能，也可向职业资格评测机构申请认证，通过考核即可获得国家职业资格。

参与制定政策的工作组的企业代表，雀巢巴基斯坦有限公司董事长赛义德·亚瓦尔·阿里（Syed Yawar Ali）表示："非常认可政策中强调的提升雇主协会和雇主代表机构的权力，帮助雇主参与技能培训项目，并欢迎政府对当前的学徒制立法、设置激励措施和对企业面临的处罚进行审查的承诺[③]。"企业参与职业教育政策制定体现了政府对企业意见的重视，企业是绝大多数技术技能人才的雇用方，其一线意见对于制定相关技术技能发展政策尤为重要。企业希望在技术技能人才培养方面拥有自己的话语权，建立雇主协会或雇主代表机构是行使企业权利的重要平台，希望政府

---

① 吕景泉，杨延，李云梅，黎志东．鲁班工坊纵览与博观［M］．北京：外语教学与研究出版社，2023：262.

② Ministry of Federal Education and Professional Training．Skills for Growth & Development：A Technical and Vocational Education and Training（TVET）Policy for Pakistan［R］．Islamabad：NAVTTC，2018：9.

③ 同上 10.

对不利于企业培养技术技能人才的政策进行修改，并制定利于企业技术技能人才培养的激励与惩罚措施。

巴基斯坦工商业联合会时任主席米安·穆罕默德·阿德里斯（Mian Muhammad Adrees）指出："经济发展和高经济绩效与劳动力的高生产率直接相关，巴基斯坦急需受过培训的劳动力，……如果我们秉持这样一种观念，即经济增长与经济转型可以建立在廉价、充足的劳动力之上，注定难以成功，我们需要有技术的劳动力，政府和商界必须加大投入，以产出有技能的适应性劳动力，这样才能满足经济持续转型的需要[①]。"经济发展、经济转型不能建立在廉价的劳动力之上，虽然廉价劳动力可以在短期内降低生产成本，但这种发展模式容易陷入低附加值产业和低利润率的循环。发展有竞争力的经济应该建设具有高附加值的产业结构，通过技术创新、科技研发和高端制造等方式提高产业竞争力和利润率。另外，可持续的经济发展应该追求提高工人的福利待遇，而不是为降低成本而限制工人工资提升。工商联作为行业协会清晰地看到经济发展对高端技术技能人才的需要，作为行业协会的工商联在国际贸易、外商投资方面需要有高端技术技能人才服务的制造业及其相关服务业，即使不直接对接制造业及其服务业，工商联也要参与职业技能政策的制定和技术技能人才的培养，并且要加大力度，这充分说明工商联认识到投资职业技术教育与培训，加大技术创新，提高劳动力的技术技能水平是推动经济可持续发展的关键内容。

（二）政策制定内外缘由

《巴基斯坦技术与职业教育培训政策》借鉴技术与职业教育培训改革支持项目的经验，旨在"帮助联邦政府和省级政府推动《国家技能战略》"[②]。如前所述，技术与职业教育培训改革支持项目由德国联邦经济合作与开发部发起，由德国国际合作机构具体实施，受德国职业教育的影响

① Ministry of Federal Education and Professional Training. Skills for Growth & Development: A Technical and Vocational Education and Training (TVET) Policy for Pakistan [R]. Islamabad: NAVTTC, 2018: 11.

② 同上 12.

颇大。德国职业教育以“双元制”见长，在这种机制中，学生既是学生，又是学徒，需要职业学校和企业共同培养。州教育部对职业学校进行管理，联邦政府管理企业的“职业培训”，“企业内职业培训的具体管理则授权各行业协会负责”[①]。德国的“双元制”对《巴基斯坦技术与职业教育培训政策》的影响很大，尤其是对于其学徒制的影响，其设计基本上沿用了德国的“双元制”。

《巴基斯坦技术与职业教育培训政策》基于巴基斯坦职业教育与技术培训所开展的工作和国家经济发展对技术技能人才需求的现状，对当前职业教育体系提出一系列改革措施，以促进国家高效实施技能开发与技术人才培养，为每个人，特别是广大青年，提供技术技能培训，使其获得技能提升的机会。巴基斯坦国家职业教育政策引入基于国家标准的评测体系，学生通过努力学习可获得国家职业资格，促进其高质量就业，同时也为国家产业发展提供高端技能人才。该政策特别鼓励企业，特别是私营企业参与人才培养，注重公共培训机构与私立培训机构的合作，倡导通过私立培训机构的积极参与带动公立培训机构的改革。

该政策预测在“未来35年内，适龄工作人口将翻倍”[②]。这就意味着大量人口红利，若将这些适龄人口培养成现代产业需要的高端技能人才，势必会对经济发展产生巨大的推动作用，广大青年得以高质量就业是社会进步的重要标识，也是社会稳定的必然条件。可见，发展高质量职业教育与技术培训是巴基斯坦经济社会良性发展的重要保障。

巴基斯坦职业教育政策鼓励其职业技术教育与培训标准的国际化，巴基斯坦培养的高端技能人才不仅要满足国内产业发展的需要，还要满足国际产业，尤其是人力资源进口国的产业需要。据悉，巴基斯坦有“800万劳动力在海外工作，每年寄回大约2 000亿巴基斯坦卢比”[③]，这相当于90亿人民币。人力资源出口已经发展成为一种新型产业，人力资源成为一种

---

① 陈明昆. 中外职业教育概论［M］. 北京：高等教育出版社，2016：41.

② Ministry of Federal Education and Professional Training. Skills for Growth & Development: A Technical and Vocational Education and Training（TVET）Policy for Pakistan［R］. Islamabad：NAVTTC，2018：13.

③ 同上 13.

重要出口商品，这种商品不是简单的劳动力，而是适应进口国产业发展的技术技能人才，这就要求巴基斯坦的职业教育与技术培训具有国际水准，其国家职业资格应获得国际认可，因此国际化已经成为巴基斯坦职业教育与技术培训的重要环节。

由于公立培训机构资源有限，目前有“超过 70% 的技术人员是在私立培训机构接受职业培训”[①]，需要通过政策促进公立职业教育与技术培训机构发展，公立培训机构的培训经费充足、设备先进、师资力量雄厚，有利于培养高端技能人才，助力这些劳动力走向国外高端技术工作岗位。而私立培训机构并不意味着低端培训，“有些私立培训机构的雇主为其员工提供世界级的培训，但是接受这种培训的人不足 10%”[②]。提供政策支持有利于督促私立培训机构加速其培训体系改革，扩大高端培训项目，提升低端、欠规范的培训，形成职业教育与技术培训的良性发展。

在职业教育财政经费方面，“只有 7.3% 的青年人（13—24 岁）能获得财政资金支持，并且这种支持在全国并不均衡，尤其在性别方面差距较大”[③]。获得财政资金支持的学生大都就读于中心城市或发达地区的公立职业院校和培训机构，私立职业教育机构或偏远地区的职业院校学生则鲜有获得财政资金支持的机会。另外，获得财政资金支持的学生基本都是男性学生，这也体现了接受支持的性别差异，显现出性别不平等。由于缺乏标准化的评测机制和认证模式，培训标准也有很大差异。职业技术教育与劳动市场当前需求存在结构性失衡，尚不能根据劳动市场的需求变化在专业设置、教学资源、培训模式等方面进行有效对接。

“学徒制法规要求具有一定规模的企业提供职业培训，培训费用通过税收和消费税减免予以抵消[④]。”对于提供培训的企业，政府通过提供税收抵免或减免的政策，减少企业培训成本。对企业用于员工技能培训的设备、材料或服务提供消费税减免，以此降低企业购买培训资源的成本。这

① Ministry of Federal Education and Professional Training. Skills for Growth & Development: A Technical and Vocational Education and Training (TVET) Policy for Pakistan [R]. Islamabad: NAVTTC, 2018: 13.

② 同上.

③ 同上.

④ 同上.

些税收和消费税减免措施旨在为企业提供经济激励，以鼓励其在培训和技能发展方面投资。通过减少企业的成本，政府希望能有更多的培训活动以提高劳动力的技能水平。

但即便如此，“目前只有 22 000 名学徒，即使通过税收减免的政策也没有产生明显的效果”[①]。学徒制法规并未产生切实的效应，企业开展学徒制的积极性依然不高，其中至少有三个原因：一是与雇主的意识有关，一些雇主对学徒制的潜在益处和机会缺乏充分认识，逐利的思维让其不愿意投资到不能明显见到回报的学徒领域；二是与审批程序复杂性有关，税收和消费税减免政策涉及繁琐的申请程序和审批流程，对于一些缺少专门对接部门的中小型企业而言，可能过于复杂和耗时；三是减免额度不够大，不能有效抵消学徒制运行成本，或虽能抵消，但是额度捉襟见肘，不足以激励企业积极参与学徒制。为了提高企业开展学徒制的积极性，需要通过新的职业教育政策加大宣传力度，向雇主解释学徒制的重要价值，并明确说明如何利用税收减免政策来支持学徒培训项目运行，同时简化审批程序，提供更具吸引力的奖励机制，并建立政府、产业、企业、行业协会合作伙伴关系，共同推动学徒制改革，使企业成为产教融合型企业，让其先进技术、工匠之师、机器设备更有效地参与学徒制的运行，形成不断供给符合时代发展需求的技术技能人才的培养模式。

虽然私立培训机构在巴基斯坦职业教育体系中发挥了重要作用，70% 的技能培训来自私立培训机构，但其大部分质量并不高，只有 10% 的私立机构提供世界级培训，大部分低端培训不足以让学生进入大型企业。“当前 70% 的高等教育，40% 的基础教育由私立机构提供[②]。”从量上看，私立机构在职业教育的投资与其在高等教育的投资相当，并且高于其在基础教育的投资，但私立高等教育和私立基础教育属于优质教育资源，而私立职业教育只有 10% 属于优质教育资源。要改变私立职业教育优质资源偏少的状况，需要制定相关政策来促进其发展，从税收、补贴、信贷等方

① Ministry of Federal Education and Professional Training. Skills for Growth & Development: A Technical and Vocational Education and Training (TVET) Policy for Pakistan [R]. Islamabad: NAVTTC, 2018: 13.

② 同上 14.

面提供激励措施，减少私立职业教育机构的行政负担和时间成本，加强政府与私立职业教育机构间的合作，从政府层面给予师资培训、设施共享、质量保障等支持，给予私立职业教育机构更多优惠政策，助力其尽快成长为优质教育资源。

国家和省级职业技术教育管理机构的关系需要进一步优化。传统国家职业与技术培训委员会与各省技术教育与职业培训局之间属于层级式工作模式，前者通常负责制定目标，并将任务分配给后者，后者则负责执行指令和向前者汇报工作进展，决策权和指导权从前者向后者传递，形成明确的等级结构。在这种工作模式中，决策和信息流动通常是从上级向下级单向传递，下级很少有机会提出建议，更不会参与决策过程，从而可能导致信息滞后、创新受限。为了改善这一状况，职业教育新政策提出“用更具合作性和咨询性的工作方式取代等级制度”[①]。国家职业与技术培训委员会与各省技术教育与职业培训局之间要建立合作与咨询的工作关系，注重参与式决策、团队合作，强调在互动中实现一线信息共享，提高决策的准确性。针对不同省份之间的职业技术教育资源存在的差异，联邦政府可以根据不同省份的特点，给予适当的支持，提供发展机会，减少因资源不平等造成教育不公平的现象。通过改善两级机构的工作关系，可以促进制定和实施统一的技术标准和培训政策，提升培训规格的一致性，确保学生在不同省份能够获得相似水准的技能培训。优化省技术教育与职业培训局和国家职业与技术培训委员会之间的关系是为了实现高效分配资源、因地制宜设计培训项目和统一培训标准等重要目标，最终提高职业技术教育体系的整体效能和质量。

（三）鼓励私立机构参与职业教育与技术培训

传统技能开发与培训主要涉及公立职业技术教育体系，私营企业雇主不太重视技能开发与职业培训，这主要是由于成本原因，不少私营企业认

---

① Ministry of Federal Education and Professional Training. Skills for Growth & Development: A Technical and Vocational Education and Training (TVET) Policy for Pakistan [R]. Islamabad: NAVTTC, 2018: 14.

为技能开发和职业技术培训需要投入包括培训费用、培训设施和员工离岗等大量的资源和时间，这些成本对于中小企业或利润较低的企业而言是一项不小的负担。在激烈的市场竞争中，企业面临较大的生存与发展压力，需要快速适应市场需求和变化。在这种情况下，技能开发和职业技术培训可能被认为是耗时和耗费资源的过程，无法满足中小企业对于生存与发展的需要。私营企业通常更关注短期利益和业务运营，更倾向于将资源投入到直接产生收益的业务上。

国家技术与职业教育培训体系需要私立机构积极参与，原因至少有三个方面：其一是能创造就业机会和技能需求。私营企业创造就业机会，雇主对自己企业所需要的技术最为熟悉，私营企业雇主参与职业技术教育体系建设有助于培训课程与该企业实际需求直接对接。其二是能分享实践经验和运作策略。私立机构和企业雇主都经历了激烈的市场竞争，积累了宝贵的一线实践经验，这些经验、体会对于职业技术培训课程设计和项目实施具有重要价值，使培训更加聚焦能力提升和需求对接。并且私营企业所擅长的现代企业运行模式可给予管理启示，有利于改变传统公立职业技术教育体系中管理低效的问题。其三是能提升培训机会与培训质量。私立机构建立新的培训机构可以有效扩大职业技术教育培训的供给量，在进一步提升培训质量的基础上，私立机构的参与会有效扩大优质职业教育资源。学徒制是私营企业重要的培训模式，目前主要在大型私营企业中存在，若能在中小型企业中实施学徒制，或通过跨企业学徒中心培养技术技能人才，会有效推动中小型企业从劳动密集型产业向高端技能型产业的升级，提升企业的核心竞争力，也从更广泛的层面开启企业参与职业教育与技术培训的空间。

积极推动私立机构参与建设国家技能培训体系可以充分调动社会力量，充分利用私立机构资源调配灵活的优势，提升技能培训绩效，提高就业质量。私营企业参与职业技术教育体系，不仅有利于职业技术教育体系的发展，而且有利于企业自身的发展。首先，有利于提高私营企业自身生产力和盈利能力，投资自身员工的技术培训有利于提升企业的技能水平，有利于形成适应市场需要的创新型产品，提高企业的工作效率，实现创新发展。其次，可创造经济良性发展的稳定环境。私营企业参与职业技术培训，能帮助青年人获得企业需要的技术技能，促进青年人安居乐业，减少因失业率上升导致的社会不稳定风险，这符合企业良性发展的利益，只有在稳定的环境中，企业才能获得平稳、较快的发展，实现良性运营。再次，私营企业参与技能培训有利于树立良好的社会形象，企业通过举办职业技术培训，为青年人提供受教育的机会，并基于此实现其高质量就业，提升其生活质量，体现了企业的社会责任，为企业树立了良好的形象，有助于企业可持续性发展。

为了让私营企业参与职业教育与技术培训，政府作为宏观调控机构需要采取一些措施。传统上，政府采用了“胡萝卜 + 大棒”策略（Carrot and Stick Approach）[①]。“胡萝卜”指正向激励措施，巴基斯坦政府提供财政补贴、税收减免、培训津贴、技术支持和咨询服务等一系列奖励和福利，吸引私营企业提供学徒制培训，为青年人创造技能培训与实习就业机会。“大棒”指负向惩戒措施，巴基斯坦政府试图对不愿意实施学徒制培训的私营企业施加压力，通过罚款、法律制裁、限制市场准入等一系列惩罚性或限制性措施来强制要求私营企业参与学徒制项目。另外，巴基斯坦政府还采取“边际性激励措施”（Marginal Incentives）促进学徒制发展[②]。在学徒制实施过程中，若私营企业超额完成培训任务，政府将对其给予额外的奖励或福利，即超过一定“边际”，政府就要给予奖励。这种边际性激励措施旨在促进私营企业提供更多高质量的学徒培训，推动学徒制更大规模、更高水平的实施与发展。总而言之，“胡萝卜 + 大棒”的方式和边际性激励措施是巴基斯坦政府在学徒制实施过程中采取的激励机制，通过奖励和惩罚措施，推动私营企业实施学徒制项目培训，促进企业技能发展，提高学徒就业机会。

但是“胡萝卜 + 大棒”和边际性激励措施均没有产生应有的效果，基于强制性的法律规定并不能确保学徒制的健康、良性发展。基于此，巴基斯坦政府计划与私营企业建立一种新型合作关系，即邀请私营企业一起

① Ministry of Federal Education and Professional Training. Skills for Growth & Development: A Technical and Vocational Education and Training (TVET) Policy for Pakistan [R]. Islamabad: NAVTTC, 2018: 15.

② 同上.

制定培训政策。其主要形式是政府建立更具支持性的工作架构，私营企业群体选出私营企业代表委员会，代表私营企业与政府合作，解决培训中存在的问题，包括提供培训需求评估、制定培训计划、提供培训资源、进行咨询指导、拨付财政经费等，为私营企业的需求提供各种相关支持，通过政府与私营企业代表委员会的合作，确保学徒制项目的高质量运行。

政府对私营企业实施学徒制最基础性的支持是立法，从法律层级上保障私营企业在制定和执行职业教育与技术培训政策方面的更多权益。在立法的支持下，私营企业在决定和实施职业教育与技术培训政策中扮演重要角色。通过立法，私营企业代表委员会由全体私营企业选举产生，并代表全体私营企业行使职业教育与技术培训职权。私营企业代表委员会可以利用自身的经验和行业知识，就技能政策、干预的优先领域和劳动力市场需求向政府提出建议；私营企业代表委员会监督《国家技能战略》的实施过程，确保技能培训的重点与产业需求相一致，并与其他经济、社会发展政策相协调；私营企业代表委员会洞悉自身产业的技能需求和未来发展趋势，为政府提供相关数据和信息，对政府在职业教育与技术培训相关领域的投资提出建议；私营企业代表委员会将私营企业与职业技术教育机构聚集在一起开展合作，委托后者制定职业能力标准，前者依据标准提供职业技术教育培训资源，并确保培训内容和标准与产业需求相匹配。由此可见，私营企业能够通过私营企业代表委员会，参与制定和实施职业教育和技术培训政策，确保所实施的培训与私营企业自身实际需求相符合，并从国家职业技术教育体系获得必要的支持和资源，这种立法机制有助于提高私营企业的积极性，盘活社会力量，促进技能发展和增加就业机会，最大限度地提升职业教育和技术培训的质量和效果。

三、国家全民技能战略

巴基斯坦政府、联邦教育与职业培训部、教育工作组（Taskforce on Education）在 2018 年发布了《国家全民技能战略——巴基斯坦技能发展路线图》（National “Skills for All” Strategy：A Roadmap for Skill Development in Pakistan），旨在推动巴基斯坦职业教育发展，如图 5.3 所示。巴基斯坦人口中“1.2 亿或 60% 的人口年龄在 35 岁以下”[1]，有良好的人口红利，若充分利用将成为巴基斯坦经济社会快速发展的推动引擎。人口红利发挥作用的有效路径是职业教育与技术培训，但巴基斯坦职业技术教育部门存在着“长期的系统性问题”，如“有限的培训能力、过时的车间和实验室、陈旧的培训设备、过时的教学方法和课程”，在“数量和质量上无法满足国内和国际市场的技能培训需求”[2]。若对这些陈旧、过时的职业教育资源配置置之不理，这 1.2 亿青年人只有 12% 接受高等教育[3]，按照《国家全民技能战略》的描述，巴基斯坦当时总人口为 2.077 7 亿，除了进入高等教育的 0.144 亿人，还有 1.933 7 亿人无法接受高等教育，若再无法接受高质量的职业教育与技术培训，这部分青年人不但不能形成巨大的人口红利，还会由于贫困、边缘化而走向社会的反面，成为社会不稳定因素。可见，这 1.933 7 亿青年人对巴基斯坦的经济发展与社会稳定非常重要，要让其成为人口红利，而不是反社会的力量，就需要给其提供高质量的职业教育与技术培训资源。

图 5.3 国家全民技能战略

针对当前巴基斯坦的状况在《国家全民技能战略》中，工作组首先进行了情景分析，列出巴基斯坦各省级区域的职业院校数量、教师数量、学生数量，为了更直观一些，笔者根据这些数据计算出师生比、平均每校教师数、平均每校学生数，见表 5.1。

---

① Government of Pakistan. National “Skills for All” Strategy：A Roadmap for Skill Development in Pakistan [R]. Ministry of Federal Education & Professional Training，2018：2.

② 同上.

③ 2019 年巴基斯坦高等教育的毛入学率为 12%，数据详情见 The World Bank [EB/OL]. (2022-10-24) [2023-08-19]. https://www.worldbank.org/en/search? q=parkistan+education+gross+enrollment+ratio¤tTab=1&x=0&y=0.

表 5.1　巴基斯坦各省级区域师生对比[①]

省级区域	学校数	教师数	学生数	师生比	平均每校教师数	平均每校学生数
旁遮普省（Punjab）	1 672	9 229	228 824	1：25	6	137
信德省（Sindh）	717	2 799	86 194	1：31	4	120
开伯尔－普什图赫瓦省（Khyber Pakhtunkhwa）	697	2 609	61 855	1：24	4	89
俾路支省（Baluchistan）	151	406	17 847	1：44	3	118
吉尔吉特－巴尔蒂斯坦地区（Gilgit Baltistan）	174	800	13 215	1：17	5	76
巴控克什米尔自治区（Azad Jammu and Kashmir，AJK）	135	739	10 475	1：14	5	78
联邦直辖部落地区（Federally Administered Tribal Areas，FATA）	76	441	8 917	1：20	6	117
伊斯兰堡首都区（Islamabad Capital Territory，ICT）	118	1 184	5 910	1：5	10	50

职业教育的师生比到目前为止还没有国际统一标准，不同国家和地区根据其教育体系、经济发展水平、教育政策等因素有不同的标准和实践。埃塞俄比亚在2016—2017年职业教育入学的师生比是10.8：1[②]。根据我国教育部、国家发展改革委、财政部、人力资源社会保障部、住房和城乡建设部等五部委发布的《职业学校办学条件达标工程实施方案》中规定，“技工学校、高级技工学校学制教育师生比不低于1：20”，技师学院、高

① 师生比、每校教师、学生人数都按照四舍五入原则保留整数，原始数据详情见 Government of Pakistan. National “Skills for All” Strategy：A Roadmap for Skill Development in Pakistan［R］. Ministry of Federal Education & Professional Training，2018：16–18.

② 杨立学，埃塞俄比亚职业教育的现状、问题与发展路径［J］，中国职业技术教育，2019（15）：93.

等职业院校“学制教育师生比不低于1：18”[①]。反观巴基斯坦职业教育师生比，旁遮普省（1：25）、开伯尔－普什图赫瓦省（1：24）、联邦直辖部落地区（1：20）、吉尔吉特－巴尔蒂斯坦地区（1：17）与我国比较接近，其他省份或高或低，伊斯兰堡首都区的师生比竟达到1：5，非常不合常理。通过计算平均每校的教师数和学生数，这一谜底终于被揭开：很多巴基斯坦职业院校的规模非常小。只有伊斯兰堡首都区平均每所职业院校的教师数量是10人，其余省份平均每所职业院校的教师人数都低于10人。关于平均每所职业院校的学生数，旁遮普省最多，为137人，伊斯兰堡首都区最少，为50人。整体而言，巴基斯坦的职业教育基础设施非常薄弱，师生少难以形成规模效应，几乎无法集中优质资源应对国内外产业市场对高端技术技能人才的迫切、动态需求。

面对当前巴基斯坦职业技术教育资源匮乏的困境，亟须制定有效政策，投入教育资源，采取措施予以提升，将其建设成优质职业教育资源。为了达到这一目标，《国家全民技能战略——巴基斯坦技能发展路线图》确定了“八个需要立即干预的关键领域”，即“治理”、“资金”、“能力提升”、“质量保障”、“技能获取与教育公平”、“赋权产业机构”、“面向国际市场的技能发展”和“职业技术教育传播计划”[②]。巴基斯坦计划在这八个领域找出差距，提出改进方法，增加就业机会，全面提升职业教育与技术培训水平，推动经济发展与社会公平。

（一）治理

在巴基斯坦，“联邦和省级职业教育领域的授权在宪法中有清晰且明确的规定”，但是在第18号宪法修正案的之后，各个机构的角色和职责变得相当混乱[③]。在第18号宪法修正案中，巴基斯坦联邦与省级政府的权

① 教育部，国家发展改革委，财政部，人力资源社会保障部，住房和城乡建设部．职业学校办学条件达标工程实施方案［EB/OL］.（2022-12-22）［2023-10-16］. https://www.gov.cn/zhengce/zhengceku/2022-11/19/content_5727868.htm.

② Government of Pakistan. National “Skills for All” Strategy：A Roadmap for Skill Development in Pakistan［R］. Ministry of Federal Education & Professional Training，2018：2-6.

③ 同上14.

力划分发生了很大变化，很多事项从联邦政府转移到省级政府，后者获得更多自治权。各省可以根据自身发展需求更加灵活地做出决策，通过立法和相关政策促进本省经济社会发展。起初，巴基斯坦宪法列出了联邦和省级政府都可以立法的主题清单，被称为“并行立法清单”（Concurrent Legislative List，CLL），后来根据第 18 号宪法修正案的规定，“并行立法清单的事项转移到省级政府”，但清单中没有“与职业教育和技术培训相关的条款”，而巴基斯坦宪法条款和联邦立法清单（Federal Legislative List，FLL）中又强调，“将职业教育与技术培训均归入联邦政府的立法主题”①。也就是说，职业技术教育相关立法和政策主要由联邦政府负责，联邦政府在该领域具有主要的治理责任和权力，而省级职业教育管理机构如技术教育与职业培训局则无权根据自己的需求立法或制定政策。

国家职业与技术培训委员会由于对各省具体需求了解不深入，其立法、政策制定往往难以切实解决各省职业教育发展的问题。这也导致在省级层面，现行政策难以厘定“各利益相关方的功能范围，也缺乏协调机制将有限的资源分配到正确的方向”，体系“分散”、功能“重叠”导致“系统低效”，造成诸多问题，如“交易成本增加、培训支出增大、对客户需求反应冷淡、改革实施阻碍和结构性障碍增加”②。

巴基斯坦职业教育管理体系分散，各自职责有交叉、重叠现象。旁遮普省技术教育与职业培训局的职责有“认证、培训、评测和颁证”，国家职业与技术培训委员会、各省技术教育与职业培训局和旁遮普职业培训局的职责是“设立课程大纲和标准”③。可见，旁遮普省技术教育与职业培训局职能众多，并且还有旁遮普职业培训局参与职业教育管理工作，其他省技术教育与职业培训局则职能偏少，并且没有体现国家职业与技术培训委员会和省技术教育与职业培训局的关系，也没有相应的协调和整合机制。

---

① 联邦立法名单是确定巴基斯坦联邦和省级政府立法权力划分的指南，这一名单厘定联邦政府的专属立法领域。详情见 Government of Pakistan. National “Skills for All” Strategy：A Roadmap for Skill Development in Pakistan［R］. Ministry of Federal Education & Professional Training，2018：14–15.

② Government of Pakistan. National “Skills for All” Strategy：A Roadmap for Skill Development in Pakistan［R］. Ministry of Federal Education & Professional Training，2018：2.

③ 同上 15.

功能重叠还表现在国家职业与技术培训委员会和省技术教育与职业培训局两者之间产生了大量的重复劳动，多重投资、重复开发质量评价标准，导致教育资源浪费，而有些领域如国家职业资格框架却由于关注较少而推行缓慢。

这种分散和重叠的结构模式阻碍了职业教育体系的高效运行，再加上地区之间和城乡之间的差异、职业教育课程项目与产业需求脱节等结构性问题，使得职业教育体系运行效率受到严重影响。

为了避免职责重叠造成的低效、损耗，巴基斯坦决定规范联邦和省两级职业技术教育管理机构的各自职能。联邦层面行政职能包括“政策制定、国家职业资格框架管理、国家能力标准制定、质量保障、许可、认证、颁证，以及解决各省技能发展的能力差距”；省级层面行政职能包括“与联邦最高机构在政策实施、国家能力标准的制定和实施，以及在质量保证体系方面进行协调”等[①]。联邦层面的行政职能旨在管理全国的职业教育和技术培训体系，而各省职业教育管理部门则在各自管辖范围内执行联邦的职业教育政策，并将问题反馈给联邦职业教育管理机构。

为了解决职业技术教育体系相关职能分散、部分职能重叠、运行低效等问题，巴基斯坦聚焦技能发展、基金管理和评测认证三大职能，在国家职业与技术培训委员会系统内部构建“国家技能发展监管中心”（National Regulator for Skill Development）、“技能发展基金管理中心”（Management of Skill Development Fund）、“联邦测试与认证中心”（Federal Testing and Certification Agency）三大机构，之所以在内部成立，而不是成立三个单独机构，是为了“避免冗长而耗时的机构重组过程”[②]。可见，在这种调整过程中，主要管理机构不变，只是内部职能重新厘定，既节约了时间和成本，又有效利用了原有的资源，有力推动巴基斯坦职业技术教育体系改革。

国家技能发展监管中心是国家“战略规划、标准制定和质量保障的最高机构”，其职能包括“为国家项目设定自上而下的目标；解决省级职业

---

① Government of Pakistan. National “Skills for All” Strategy：A Roadmap for Skill Development in Pakistan[R]. Ministry of Federal Education & Professional Training，2018：2.

② 同上.

技术教育供给中的差距；设定资金分配标准和预算；制定行业学术标准；开发和监管质量保障框架和协议；推广技能品牌”[①]。可见，国家技能发展监管中心在联邦层面扮演着重要角色，在发展规划、标准制定和质量保障等方面推动巴基斯坦的技能发展。其一，国家技能发展监管中心负责规划国家技能发展项目的总体目标，确保国家技能发展的方向和指标与国家发展战略一致。其二，国家技能发展监管中心关注和解决各省份在技能培训供给方面存在的差距，通过制定相关政策，采取相关措施，确保各省份都能够提供高质量的技能培训服务，以满足各地产业发展需求。其三，国家技能发展监管中心制定资金分配的标准，为不同技能发展项目分配资金、编制预算，以确保资源的合理利用和最大效益。其四，国家技能发展监管中心负责制定各行业的学术标准，确保不同行业的技能培训课程和标准得以总结、提升，形成学术化成果，为提高培训质量奠定理论基础。其五，国家技能发展监管中心负责制定和监管质量保障框架和协议，确保技能培训机构达到一定的质量标准，能够提供高质量的技能培训和职业资格认证服务。其六，国家技能发展监管中心推广技能品牌，致力于提高技能培训的声誉和认知度，促进技能培训的高质量发展。

国家技能发展基金管理中心是“负责全国技能项目总体资金的最高机构”，其职能包括“制定联邦和省级项目的基金指南；在巴基斯坦和全球范围内募集公共/私立资金和捐助者资金；为学生基金和企业开发金融产品；为培训设施建设开发金融产品；为国家项目在相关行业或技能培训提供商之间分配资金”[②]。巴基斯坦国家技能发展基金管理中心在联邦层面扮演着管理和分配技能基金的重要角色。其一，国家技能发展基金管理中心制定国家和省级技能项目的基金指南，这意味着它规定资金的使用准则和流程，确保资金的合理分配与有效利用。其二，国家技能发展基金管理中心与政府、私营部门和国际组织合作，负责筹集国内外资金，以满足技能项目的资金需求。其三，国家技能发展基金管理中心开发金融产品，为贫困学生在职业技术教育体系中求学提供奖学金、助学贷款等金融支持，为

① Government of Pakistan. National “Skills for All” Strategy：A Roadmap for Skill Development in Pakistan[R]. Ministry of Federal Education & Professional Training，2018：26.

② 同上.

企业开展学徒制技能培训和技能开发提供信用贷款、融资租赁等金融支持，以帮助学生完成技能培训，支持企业实施技能创新和开展培训。其四，国家技能发展基金管理中心开发建设贷款、机器设备融资租赁、技术改造贷款等金融产品，助力培训机构建设培训设施、购买机器装备、改善现有培训环境，提升培训机构的软硬件建设。其五，国家技能发展基金管理中心根据一定的标准和指南，将资金分配给国内相关行业各个培训机构和培训服务提供商，确保国家资源的合理利用和国家技能发展的公平均衡。可见，国家技能发展基金管理中心通过制定基金指南、募集资金、开发金融产品，确保资金的合理分配，促进技能培训在全国的均衡发展。

巴基斯坦联邦测试与认证中心是“国家评测和认证的最高机构”，其职能包括“开发评测标准、评测工具；培训和认证评测员；实施评测；颁发证书；为雇主开发证书验证框架”等[①]。联邦测试与认证中心在巴基斯坦评测和认证方面发挥着至关重要的作用。其一，联邦测试与认证中心负责开发一套完善的评测标准和评测工具，前者是一套规定明确的指标和要求，通常包括技能的知识要求、操作要求、应用能力要求等，后者是用于收集、记录和分析个人在特定领域技能表现的手段和方法，包括书面测试、实际操作、模拟情境、面试等，用于评估个人在特定行业的技能水平。其二，联邦测试与认证中心负责为评测员提供专业培训，并确保他/她们具备进行评测的必要资质。其三，联邦测试与认证中心负责组织和进行实际的评测活动，以评估个人的技能水平。其四，联邦测试与认证中心会根据评测结果向合格的个人颁发职业资格证书，以证明其在特定领域具备一定的技能。其五，联邦测试与认证中心还为雇主提供一种验证机制，使其能够验证个人所持有证书的真实性和有效性。总之，通过开发标准、培训评测员、实施评测和颁发证书等职能，联邦测试与认证中心为个人技能水平的准确评测和职业资格认证提供了可靠的机制。

各省技术教育与职业培训局通过与国家职业与技术培训委员会协调与合作，落实相关文件，确保职业教育和技术培训在省级范围内有效实施。

---

① Government of Pakistan. National “Skills for All” Strategy: A Roadmap for Skill Development in Pakistan [R]. Ministry of Federal Education & Professional Training, 2018: 26–27.

首先是政策实施协调，省技术教育与职业培训局需要与国家职业与技术培训委员会密切合作，在本省有效传达政策并采取措施付诸实施，在实施过程中根据本地产业需求和技能发展状况进行适度调整，确保国家职业教育和技术培训政策在省级范围内有效实施。其次是国家能力标准制定和实施方面的管理，省技术教育与职业培训局需要参与国家能力标准的制定过程，分享本省工作经验和最佳实践，通过与联邦机构和其他利益相关方的合作，共同制定适合本地实际的能力标准，并监管这些标准在本省职业教育和技术培训机构中的实施状况，确保国家能力标准的运行质量。再次是负责质量保证体系的协调与实施，省级行政机构需要与联邦机构和其他利益相关方一起协调质量改进活动，分享最佳实践、制定质量标准，监测和评估职业教育和技术培训机构的质量，推动质量保证体系的建立和实施。最后是基金管理，省级管理部门要“确定实施国家和省级技术目标的预算需求，为本省的公立职业技术教育院校及其管理机构提供资金”[①]。经费是实施技术目标的重要支撑，高效利用资金需要预算机制，通过设定合理的费用控制措施，可以避免技能发展过程中的资源浪费，确保资源的有效利用。此外，通过预算编制和执行过程中的相关数据，可以为决策者提供有关技能发展的实际运行状况信息，以便做出科学的决策和切合实际的优化调整。

（二）资金

巴基斯坦在职业技术教育体系的投资“极低”，“多年的忽视导致该部门迫切需要紧急投资”，然而，政府目前资金的确有限，单独靠政府自身投资自然难以保障职业技术教育体系“全民技能”的宏伟目标，为此，巴基斯坦政府在《国家全民技能战略》中提出“多元基金”（Funds from Multiple Sources）的思路[②]。

政府投资是职业技术教育体系基金的主要来源，政府部门在这方面的力度需要加强。政府部门在职业教育领域加大投入“不仅为青年人提供了

① Government of Pakistan. National “Skills for All” Strategy：A Roadmap for Skill Development in Pakistan[R]. Ministry of Federal Education & Professional Training，2018：25.

② 同上 3.

更多的培训机会和提高了职业技术教育培训的质量，还展示了政府对该部门的更大承诺，捐助方和私营企业总是会回应政府对该部门的优先考虑”，《国家全民技能战略》计划希望政府推出“一项职业技术教育发展特别计划，并紧急拨款至少500亿卢比用于该部门”[①]。政府部门投资的加大彰显了政府部门发展职业技术教育的决心，以实际行动引领了国家职业技术教育的重要发展，政府投资起到了重要的方向作用，能有效提振捐助方和私营企业在职业技术教育领域的投资信心，捐助方和私营企业同样也会相应地加大投入。通过在职业技术教育领域加大投资，捐助方和私营企业能在改善教育水平，提高就业机会和减少贫困等方面发挥积极作用，从而有效彰显企业的社会责任感，并树立良好的企业形象，增强消费者和员工对企业的认可度，对企业的品牌建设和市场竞争力都有积极的影响。

通过与职业技术教育机构合作，捐助方和私营企业可以参与技术技能人才培养，为自己的企业输送急需的技术技能人才，这有助于企业有的放矢地培养自己的高端技能人才。由于技能人才是企业自己培养的，这些人才显现出较高的忠诚度和稳定性。另外，投资职业教育可以帮助捐助方和私营企业以共同推动职业教育的发展和改革为契机，与政府部门建立合作关系，有助于这些捐助方和私营企业获得政府政策支持和财政资源，从而能更有信心地面对行业、企业发展的困境和挑战。

巴基斯坦的捐助方资金主要来自“英国国际发展署（Department for International Development，DFID）、美国国际开发署（United States Agency for International Development，USAID）、欧盟和世界银行”等国际组织提供的多边捐助，以及“挪威、德国、澳大利亚”等政府提供的双边捐助[②]。前者是国际组织向巴基斯坦提供捐助，以国际组织作为中介，协调各方的援助活动，更多地关注全球性技术教育问题，旨在共同应对全球性就业挑战，通常涉及的资金规模较大，捐助方更多，影响范围更广；后者是一国政府向巴基斯坦政府直接提供资金、装备和技术支持，通常是为了发展两国之间的合作关系，捐助方和受援方之间的关系相对较为密切，但

① Government of Pakistan. National “Skills for All” Strategy：A Roadmap for Skill Development in Pakistan[R]. Ministry of Federal Education & Professional Training，2018：27.

② 同上 28.

涉及的资金规模相对较小。

理想的状态是这些国际捐助通过国家职业与技术培训委员会进行，但是在实际运行中，“一些国际组织在没有政府参与的情况下从事技能发展”，更有甚者，一些国际组织“与无权进行此类合作的实体开展培训供给和技能认证”[①]。这一方面让国家无法从联邦层面系统安排援助工作，容易产生一些重复投资和资源浪费；另一方面，这种捐助模式也为一些“反巴势力利用职业技术教育发展达成其邪恶的目的提供了机会”，为此，巴基斯坦教育工作组要求国际捐助必须通过“政府渠道”进行[②]。

通过政府渠道捐助意味着国际捐助方应与巴基斯坦政府建立合作关系，通过双边会议、谈判、合作协议等方式与政府协商和制定合作框架、发展目标和捐助计划。国际捐助方可以通过转账、设立专门的基金或账户等方式，将资金和其他资源直接提供给巴基斯坦政府，以支持特定的项目和计划。为确保捐助资金的正确使用和有效管理，国际捐助方可以与巴基斯坦政府一起建立监督和评估机制，通过定期的进度报告、财务报告、项目评估等方式监测捐助项目的推动与落实，通过公开财务信息、项目执行情况，确保捐助资金使用的透明度，并要求遵守国际捐助标准，健全问责机制，防止他用、滥用，确保捐助资金的有效管理和使用成效。

巴基斯坦教育工作组注重企业投资在职业技术教育基金中的重要作用，认为通过企业参与，可以让“巴基斯坦的职业技术教育部门在应对庞大的青年人口挑战时，发挥足够的建设性作用”[③]。企业投资一般采用两种方式，一种是“自愿投资”，一种是“非自愿投资”。前者通过“税收减免”“与政府建立合作伙伴关系”“企业慈善基金会”和“行业技能委员会”等途径实施企业捐款；后者“对雇主实施义务性征税”，并将之拨付给“行业基金”，由行业基金“投资技能发展”[④]。

在税收减免方面，巴基斯坦政府通过税收政策激励企业参与技能投

① Government of Pakistan. National “Skills for All” Strategy：A Roadmap for Skill Development in Pakistan[R]. Ministry of Federal Education & Professional Training，2018：28.

② 同上.

③ 同上 29.

④ 同上 29.

资，政府将企业在职业技术教育上的资金投入量或在职业技术教育方面的绩效作为税收减免的重要项目，对表现出色的企业给予减税优惠，投资职业技术教育可以降低企业的税收负担。

在与政府合作方面，企业可以借助投资职业技术教育这一契机，与巴基斯坦政府建立合作关系，政府拥有准确的市场分析能力，与政府合作可以确保企业了解市场需求和发展机遇，增强企业的战略决策能力，有利于企业开拓新的业务机会和销售渠道。政府拥有雄厚的职业技术教育资源，企业通过合作可以接触到当地高端的技术技能，促进企业基于本地化的技术升级和创新能力提升，从而能有效促进企业技术迭代，提升企业的核心竞争力。

在企业慈善基金会方面，巴基斯坦政府重视企业慈善基金会对职业技术的投资，这是企业“社会责任计划中的较大预算”[①]。企业慈善基金会可以向职业技术教育机构提供经济资助，用于改善实践场所和实训设备，使学生能够接触真实的工作环境，获得切实的实践技能。企业慈善基金会可以设立奖学金计划，资助有经济困难的学生接受职业技术教育，提高他/她们的就业机会，帮助他/她们摆脱贫困。企业慈善基金会还可以建立行业导师实习计划，为学生提供进入高端企业实习的机会，在行业专家指导下开展高质量实习实训，助力其在高端企业获得就业机会。

在行业技能委员会方面，企业参与行业技能委员会，提供资金支持，由行业技能委员会组织开展技术技能培训项目。行业技能委员会负责制定和更新与特定行业相关的职业标准，这些标准涵盖了该行业所需的技能、知识和素质要求，以及相关的工作职责和行为准则，由行业技能委员会组织开展技术技能培训，能确保培训大纲、教学资源、技术装备与实际工作需求的技能和知识相匹配。行业技能委员会还提供就业指导和职业咨询，帮助学生了解行业的就业前景、技能需求和发展机会，使学生较早获得专业认知，并洞悉技能发展目标。

在“非自愿投资”中，政府对企业征收一定比例的税款，通常是

① Government of Pakistan. National “Skills for All” Strategy：A Roadmap for Skill Development in Pakistan[R]. Ministry of Federal Education & Professional Training，2018：29.

“0.5%—3%的工资税”[①]，政府将征收的税款拨付给相应行业基金会，形成行业基金。由行业基金会使用这笔资金，投资到职业培训、学徒培训等技能发展项目。这种资金来源于义务性税款，具有稳定的资金渠道。行业基金会在能力标准和培训资源方面具有权威性，由其开展培训减少了技能培训的盲目性，有利于对接行业需求和产业发展，尤其较好地服务国家支柱产业和战略新兴产业。由于行业基金会着眼于职业技术教育整体运行，其投资职业教育有利于职业类院校的专业建设和课程改革，推动职业技术教育体系教学资源对接行业需求且不断优化。

（三）能力提升

提升职业教育与技术培训的能力可以培养更多与市场需求相匹配的技术技能人才，助力巴基斯坦青年，特别是贫困群体获得更好的就业机会，这有助于改善贫困家庭的生活状况，提高社会的整体福祉。拥有高素质的技术技能人才可以促进巴基斯坦产业升级，为国家带来技术创新和高附加值产品，使巴基斯坦在国际市场上更具竞争力，增加出口收入，推动经济创新发展。

但是提升职业教育与技术培训能力需要大量的师资、装备和技术投入，对于财政资源有限的巴基斯坦而言，单独依靠财政资金投入显然难以实现，多方筹措才是应然路径。巴基斯坦的一项重要举措是加大对现有基础设施的利用，采用“基于能力的培训和评估（Competency Based Training and Assessment，CBT&A）方法的模块化培训系统”，“假期和正常工作时间结束后利用现有的职业技术教育机构”，利用“普通教育的实验室和教室开展健康、信息技术和创业等领域的培训”[②]。基于能力的培训和评估方法的模块化体系依照能力模块进行培训，不需要整块长时间的培训计划，一个周末、短暂的假期就能完成一个模块的培训，几个模块的培训构成一个培训项目，这种模式让培训供给更加灵活，非常适合在职人员

① Government of Pakistan. National “Skills for All” Strategy：A Roadmap for Skill Development in Pakistan[R]. Ministry of Federal Education & Professional Training，2018：29.

② 同上 30.

边工作、边培训，工与学并举，且又紧密结合。若一些培训项目不需要大型的教学装备，就可在普通教育的实验室和教室中进行，这就在扩大职业技术教育供给能力的同时，部分解决了教学空间资源不足的问题。

在充分利用现有设施这一策略中，巴基斯坦教育工作组给出七种方法："扩大国家定向技能发展计划的范围"、"提供短期—双重转换选择"（Short Term—Double Shift Options）、"提升私立学校体系的作用"、"让大学参与高端技术的职业技术教育体系"、"实施学徒制度"、"开展先前学习认证"和"建立远程 / 在线学习系统"（Distance/ Online Learning Systems）①。

方法一是"扩大国家定向技能发展计划的范围"，定向技能发展计划使培训有的放矢，是国家为设计培训计划，投入精良的教学装备，开展高质量培训而制定的发展计划。定向技能发展计划一般根据国家战略性产业需求设立技术培训项目，学生完成培训任务，经考核合格后进入指定企业工作。由于资源所限，这一定向技能发展计划的额度有限，《国家全民技能战略》时期需要扩大范围，让国家的职业教育优质资源覆盖范围进一步扩大，让更多的青年人获益。

方法二是"提供短期—双重转换选择"，为了让对职业技术感兴趣的学生获得"最大的机会"，巴基斯坦教育工作组计划开设"短期—双重转换选择"②，即为接受普通教育的学生提供职业技术的短期教育机会。这种做法是一种职普融通，接受普通教育的学生若对职业教育感兴趣，可以选修职业教育的相关课程，巴基斯坦政府为这种职业教育、普通教育转换的可能性提供支持。职业教育课程可以通过学分互认，成为普通教育毕业和升学的学分组成部分。这种做法通过嵌入短期课程，让职业教育融入普通教育，有效争取了职业教育生源，对职业教育融入普通教育，在普通教育基础上进一步发展开辟了新空间。

方法三是"提升私立学校体系的作用"，通过"税收减免或退税"政策，鼓励一些高质量的"盈利性学校"开展"高端 / 新兴技术工作坊和项

① Government of Pakistan. National "Skills for All" Strategy：A Roadmap for Skill Development in Pakistan [R]. Ministry of Federal Education & Professional Training，2018：31–34.

② 同上 31.

目”[①]。所选盈利性学校具有较高的社会声誉和人才培养质量，所开展的高端技术培训项目契合国家产业需求，能保证高质量就业。盈利性学校通常采用现代企业的管理模式，因此积累了丰富的教育资源，拥有优秀的师资队伍、先进的教学设施和高端的课程设置，学生在这里可以接受高水平的职业教育和技术培训。另外，盈利性学校通常具有较高的社会声誉，可以为学生的职业发展提供一定的加分优势，雇主更倾向于招聘来自品牌学校的毕业生，因为他/她们通常具备更高的技术技能和职业素养。充分利用这类私立学校的优质教学资源和人才培养模式，能有效提升职业技术教育的社会形象，同时也为公立职业教育机构改革提供可借鉴的经验。

方法四是“让大学参与高端技术的职业技术教育体系”，即让普通大学参与高端职业教育与技术培训。传统而言，职业教育由职业院校参与，高等教育由高等院校参与，前者属于技能类教育，后者属于学术型教育，一般会出现功能交叉，但不太会实现功能转换。巴基斯坦发展高端职业技术教育，需要提供“人工智能、机器人技术、机电一体化、信息技术和商业解决方案”等高端技术培训[②]。不少大学在这些学科已经有了很好的学术基础和教学经验，并且拥有雄厚的师资力量和高超的科研水平，充分利用相关大学的教学资源培养高端技术技能人才是一条发展捷径。大学可以根据职业技术教育需求，设计和更新相关课程，如技术理论、实践技能和行业应用；通过培训现有教师或引进具有相关行业背景和工作经验的教师，提高相关师资在人工智能、机电一体化等领域的教学能力；依靠雄厚的财政经费建设高端实验实训中心，为学生提供实践操作和实验实训的机会，以便让学生能够在真实或仿真的环境中应用所学技术技能。在当前，大学拥有更加优越的教学与培训条件，享有更高的社会声誉，由大学提供职业教育和技术培训，在保障职业教育质量的前提下，能有效提升职业技术教育的社会认可度。这一举措打破了职业教育的学历发展瓶颈，对于推动职普进一步融通发挥重要作用。

方法五是“实施学徒制度”，巴基斯坦教育工作组拟效法职业教育发

① Government of Pakistan. National “Skills for All” Strategy: A Roadmap for Skill Development in Pakistan[R]. Ministry of Federal Education & Professional Training, 2018: 31.

② 同上 32.

达国家澳大利亚和德国的学徒制，每周“企业三天，职业学院两天”的培训模式，认为这一模式能让巴基斯坦“在短期内大大增加现有培训机构的能力”①。巴基斯坦现有学徒制规模很小，根据新的规划，需要将其“现代化、升级和进一步正规化”，巴基斯坦教育工作组要求这项改革以《学徒制条例（2018）》（The Apprenticeship Act 2018）为基础，与 G20 经济体的学徒制项目保持一致，并且获得国际职业技术教育框架的认可②。G20 经济体是美国、法国、中国、德国、印度等全球最重要的 20 个国家经济体的集合，G20 经济体占据全球经济总量的 80%，在学徒制方面有非常成熟的经验。巴基斯坦需要改革职业教育体系和技术培训机构，提供与 G20 经济体学徒制项目相匹配的技术教育和培训，在教学设施、师资队伍、培训模式、评估标准和质量认证体系等方面应符合 G20 经济体的标准。对于巴基斯坦而言，参与国际职业技术教育体系可以提高其职业教育质量和国际声誉，促进国际间的合作和交流。对巴基斯坦青年而言，参与国际认可的职业技术教育体系可以提升其国际化就业能力，在国际舞台上获得更大的职业发展和人生价值。

方法六是“开展先前学习认证”，指对先前技能学习成果的认定。据巴基斯坦国家职业与技术培训委员会调查，“正规职业技术教育体系只能提供 18% 的劳动力，剩下 82% 的劳动力都是通过‘师傅—学徒’模式（Ustaad-Shagird System）这种非正式学习路径培养”的③。在巴基斯坦，正规职业技术教育体系的培养能力依然非常有限，大部分劳动力还是要依靠传统非正式的培训来获得技术技能，这种非正式的技能培养体系在巴基斯坦被称为“师傅—学徒”模式。

在“师傅—学徒”模式中，师傅通常是具有丰富经验和技术技能的专家，他们将技术技能传授给学徒，学徒则在师傅的指导下学习和实践，通过观察、模仿和实际操作来提高自己的技能。学徒通常会在师傅的工作场所做工，除学习技能之外，主要还是作为师傅的助手。这种技能传授模

① Government of Pakistan. National “Skills for All” Strategy：A Roadmap for Skill Development in Pakistan[R]. Ministry of Federal Education & Professional Training，2018：32.

② 同上 32–33.

③ 同上 33.

式在过去的技能发展中发挥了重要作用，并且在当前的传统行业中还依然存在。

但这一模式有不少缺点，如“过时、僵化、专门针对某个工作、不可移植、缺乏理论理解并且没有认证”[①]。这种模式通常没有正式的课程和教育体系，而是依赖口耳相传和实际操作来实施技能培训，由于缺乏统一的教学规范，不同师傅的学徒技能发展存在差异，不同师傅难以保证标准一致。这个模式通常依赖于传统特定的技术和手工艺，这限制了学徒在其他领域或行业中的就业机会和发展潜力，无法满足现代产业需求，导致学徒的职业选择和发展机会受限。另外，“师傅—学徒”模式还对正规职业技术教育机构产生了一定的负面影响，“当技术可以从非正规的师傅—学徒模式获得，那么正规技术培训的可行性就经常被质疑”[②]。对职业教育与技术培训机构的质疑在巴基斯坦由来已久，原因有多种，职业教育的社会地位和社会观念起到相当大的影响。“师傅—学徒”模式虽然有不少问题，并且受到质疑，但是这一模式却在巴基斯坦技术技能人才培养上发挥了重要作用，特别是在其正规职业教育还远未成熟的当下，依然是技能人才培养的重要载体，当前迫切需要做的是对其进行优化，而不是否定。

为了充分利用“师傅—学徒”模式培养技术技能人才，需要对其进行先前学习认证。目前巴基斯坦“先前学习认证基本框架虽然存在，但评测和认证的规模和速度需要进一步提升”，为此，教育工作组建议在“晚上或假期充分利用职业技术教育机构的现存评测能力”，并且要求“所有公司，尤其是申请政府招标的公司，必须雇佣通过先前学习认证系统认证的熟练工人”[③]。通过评测传统技能，按照国家职业资格框架给予认证，并指出不足，让认证申请者通过正规培训弥补所缺内容，达到国家职业资格规定的技能要求，实现“师傅—学徒”模式的现代化。

方法七是“建立远程 / 在线学习系统”。职业技术教育远程 / 在线学习系统为学习者提供了更加灵活和便捷的学习方式，促进了技能培训的普

① Government of Pakistan. National “Skills for All” Strategy：A Roadmap for Skill Development in Pakistan[R]. Ministry of Federal Education & Professional Training，2018：33.

② 同上 21.

③ 同上 33–34.

及和提高。巴基斯坦公立职业技术教育资源分布不均匀，在偏远、贫困地区，由于没有公立职业技术院校，或者数量非常少，这些地区的青年人难以获得优质职业教育与技术培训的机会。通过远程/在线学习系统，可以消除这种不利因素，青年人不需要亲临现场，只需配备网络、电脑，就可以享受优质职业教育资源，这一方式大幅度降低培训成本，让广大青年人在有限的资金支持下就能接受高质量的技术教育与技能培训。

巴基斯坦建立了虚拟学习平台，如巴基斯坦虚拟大学（Virtual University of Pakistan）和阿拉玛·伊克巴尔开放大学（Allama Iqbal Open University），提供远程和在线学习课程。只是这些大学目前主要还是提供普通教育，应加强这些现有在线平台的职业教育与技术培训项目建设，或者建立新的职业技术教育体系的在线培训平台，提供涵盖不同行业技能培训的在线平台资源，让广大青年人能进行自主学习，获得远程技术指导和咨询服务，并设置考试和认证机制，以评估学习者的知识和技能水平。学习者通过线上考核或“线上+线下”混合式的评测方式进行技能考核，合格后获得相应的职业资格证书。

（四）质量保障

巴基斯坦《国家全民技能战略》提出一系列职业教育质量保障措施，旨在确保职业教育与技术培训的质量和标准，满足国内外产业市场发展对技术技能的需求，以此促进国家的经济和社会发展。巴基斯坦教育工作组提出九项质量保障措施：“建立卓越技能发展中心”、“提升现有培训机构的能力”、“课程开发标准化和定期审查”、“职业技术教育从业者的人力资源发展”、“通过国际合作完善国家职业技术教育体系”、“实施全国职业资格框架”、“促进创业技能发展”、“提高评估和认证的有效性和相关性”和“建立标准化的职业技术教育监测和评估框架”[①]。由于措施九“建立标准化的职业技术教育监测和评估框架”在措施六“实施全国职业资格

① Government of Pakistan. National “Skills for All” Strategy：A Roadmap for Skill Development in Pakistan［R］. Ministry of Federal Education & Professional Training，2018：37–41.

框架”和措施八“提高评估和认证的有效性和相关性”中已经涉及，为避免重复，下文在论述中将措施九的相关内容整合到措施六和措施八中。

措施一是“建立卓越技能发展中心”，巴基斯坦政府与“发展伙伴和私营企业合作，建立世界级的技术和职业培训卓越中心”，作为“职业技术教育领域的模范”，带动职业技术教育“培训质量”的提高[①]。巴基斯坦卓越技能发展中心是职业教育培训机构的标杆，这一中心通常在头部企业建立，有效利用这些企业的高端装备，使企业成为产教融合型企业。依靠高端装备和先进技术，卓越技能发展中心开展师资培训、产业孵化和技能培训。作为师资培训基地，卓越技能发展中心开展职业技术教育师资培训，提高教师的技术技能和专业教学能力。作为产业孵化基地，卓越技能发展中心促进技术成果转化，推动新技术和新产品的研发和应用，促进产业升级和转型发展。作为技能培训基地，卓越技能发展中心开设与行业需求紧密相关的课程，应用现代化的设施和装备提供高质量的职业教育和技术培训，培养具备高端技能和创新能力的技术人才。

措施二是“提升现有培训机构的能力”，巴基斯坦政府与“发展伙伴和私营企业合作投资现有职业技术教育机构，以提升这些机构的培训质量”[②]。现有的职业技术教育机构通常已经建立了一定的基础设施和师资队伍，并积累了较为丰富的培训经验，利用这些设施加以改进和提升可以更有效地利用现有资源，提高职业教育和技术培训的效果。而重新建立一所新的职业技术教育机构需要从零开始建构这些资源，包括购买土地、建设建筑设施、购置机器设备并招聘教师，这将投入大量的时间、资金和人力资源。另外，现有的职业技术教育机构已经与行业、企业建立了相互信任与合作的关系，学生和雇主对这些机构有一定的认可度，投资现有机构可以保持教育和培训的连续性和稳定性，重新建立一个新的机构需要重新建立这些联系和信任，这需要大量的时间和实际业绩。

巴基斯坦政府与发展伙伴和私营企业合作投资现有职业技术教育机构可以有效利用其资源，发展伙伴和私营企业可以提供技术支持和培训服

---

① Government of Pakistan. National “Skills for All” Strategy：A Roadmap for Skill Development in Pakistan[R]. Ministry of Federal Education & Professional Training，2018：37.

② 同上.

务，并以其丰富的实践经验和专业知识，助力教学模式改善和课程设置优化，提高教师的培训能力和学生的技能水平，节省大量的资金和资源。节省下来的资金和资源可用于更新技术设备和教学资源，使职业技术教育与培训的质量不断得以提升。

措施三是“课程开发标准化和定期审查”，指加强对各部门开发技能课程的标准化设计，并定期根据能力标准对课程进行监测。巴基斯坦技能课程开发的主管部门很多，既有“联邦层面机构，又有省级层面机构”，如“国家职业与技术培训委员会、行业检测理事会（Trade Testing Board，TTB）、旁遮普省技术教育与职业培训局、旁遮普职业培训局、旁遮普技术教育理事会（Punjab Board of Technical Education，PBTE）、信德省技术教育与职业培训局、信德省技术教育委员会（Sindh Board of Technical Education，SBTE）、开伯尔－普什图赫瓦省技术教育和职业培训局（Khyber Pakhtunkhwa Technical Education and Vocational Training Authority，KP-TEVTA）、德国国际合作机构基于能力的培训和评测中心（GIZ for Competency-Based Training and Assessment，GIZ-CBT&A）”，其课程设计的“时间长短不一，但均指向同样的就业市场”[①]。各部门有各自侧重的教育目标、教学方法和评测标准，导致不同部门课程开发的内容方向、教学方法和培训质量存在一定的差异。

不同部门独立进行课程开发，导致资源分散利用和重复性劳动，浪费了宝贵的时间和精力。缺乏标准化的课程开发导致教育质量的不稳定性，学生在非标准化的课程中接受的教育内容和技术标准可能存在较大差异，其行业技术技能发展难以均衡，技能的标准化难以实现。

因此，不同部门要加强协调，必要时由国家职业与技术培训委员会牵头，形成统一的课程开发标准，要求各省级部门按标准开发课程，确保教学内容的准确性、完整性和一致性。通过明确的培训目标、教学大纲和能力要求，确保学生获得标准的技术技能。标准化课程开发有利于更好地评测培训质量，通过明确的评测指标，职业技术教育管理部门可以更好地评

① Government of Pakistan. National “Skills for All” Strategy：A Roadmap for Skill Development in Pakistan[R]. Ministry of Federal Education & Professional Training，2018：37.

估学生的培训成果，并可进行必要的改进和调整。

为保证课程开发质量，由国家职业与技术培训委员会定期进行审查，改革、优化或停办不达标的职业培训项目，支持绩效好的职业培训项目，使课程开发向着良性的方向发展。这就要求建立包含评估标准、评估方法和评估程序的系统化评估机制，定期对职业培训项目的课程内容、教学方法、教师素质、学生评价和就业情况等方面进行综合评估，收集学生的学习成果、就业情况、满意度调查等相关数据和信息，进行统计分析和质性比较，其结果用于判断职业培训项目的质量和达标情况。

如果评估结果显示某个职业培训项目不达标，可采取整改、重新评估认证或直接废除该项目等相应措施。需要注意的是，废除不达标的职业培训项目需要有明确的政策和程序，并且要确保评估过程的公正、透明和可靠。同时，与利益相关方的充分沟通与合作也非常重要，以确保改进和提升职业培训的行动惠及利益相关方，获得利益相关方的支持，并最终推动可持续发展。对达标的职业培训项目给予鼓励和支持，使其起到引领示范作用，以带动整体职业培训质量的提升。

措施四是“职业技术教育从业者的人力资源发展”，指“职业技术教育管理者和培训教师需要学习现代培训方法”，以便使其具备“组织和进行符合国际标准的培训”①。让巴基斯坦的职业技术教育体系管理者和培训教师达到国际水准，提高职业教育与技术培训质量，促进国际化就业，增加外汇收入是巴基斯坦职业教育国际化的重要内容。为此，要制定职业技术教育课程体系、教学资源、教学方法和监管评测等国际化标准，为职业技术教育管理者和培训教师提供专业培训和国际化发展机会，使他 / 她们了解国际化的职业教育理论、专业发展计划、管理方法和技术技能。通过参加国际会议和研讨会、组织交流访问等方式，与国际机构、组织和专家进行合作与交流，建立合作伙伴关系，尤其注意加强目的国职业教育文化的研究，将巴基斯坦的职业教育资格框架、技术技能水平与目的国产业需求、技术技能发展对接。

① Government of Pakistan. National “Skills for All” Strategy：A Roadmap for Skill Development in Pakistan[R]. Ministry of Federal Education & Professional Training，2018：37–38.

措施五是“通过国际合作完善国家职业技术教育体系”，指巴基斯坦希望通过与职业教育的相关国际组织合作，获得职业资格的国际认可。巴基斯坦教育工作组认为应加强与“欧洲职业培训发展中心（Centre Européen pour le Développement de la Formation Professionnelle，CEDEFOP）、欧洲生活与工作条件改善基金会（European Foundation for the Improvement of Living and Working Conditions，Eurofound）、欧洲培训基金会（European Training Foundation，ETF）、欧洲劳动安全与健康局（European Agency for Safety & Health at Work of Europe，EU-OSHA）、美国职业、技术和成人教育办公室（Office of Career，Technical，and Adult Education of America，OCTAE）和澳大利亚技能质量管理局（Australian Skills Quality Authority，ASQA）”的合作，做好“质量咨询服务、审计服务和双边协议”，“与职业技术教育领域即将出现的全球发展保持同步”[①]。这些国际组织在职业培训领域拥有丰富的经验和专业资源，与这些国际组织合作可以让巴基斯坦获取国际上最新的职业培训发展经验和专业技能，这些国际组织关于课程开发、教学方法、评估和认证等方面的经验和知识，可以帮助巴基斯坦改进职业培训体系和教育质量。

质量咨询服务可以帮助巴基斯坦评估职业教育机构和培训项目的质量，识别和解决培训中存在的问题，提高培训的效果。审计服务可以帮助巴基斯坦监督职业培训机构和项目的资金使用情况，确保职业技术教育资源的有效利用与合理分配，避免资源浪费和滥用。双边协议可以为巴基斯坦与其他国家和地区职业技术培训机构的合作建立协议框架，有助于促进技术交流和经验分享，提升巴基斯坦的职业培训水平和国际竞争力。质量咨询服务、审计服务和双边协议可以帮助巴基斯坦建立透明的监管和评估机制，有助于提高职业技术培训机构的管理效能，并逐步增强问责机制，防止腐败和不当行为的发生。职业技术培训的信誉和竞争力提升也有助于巴基斯坦职业培训机构和项目获得国际认可和认证，实现良性循环，吸引更多国际合作与投资。

---

① Government of Pakistan. National “Skills for All” Strategy：A Roadmap for Skill Development in Pakistan[R]. Ministry of Federal Education & Professional Training，2018：38.

措施六是“实施全国职业资格框架”，指在巴基斯坦实施国家职业资格框架体系，通过加强这一体系建设提升国家的职业技术教育质量。用国家职业资格框架建设保障职业技术教育的质量，主要通过五个部分来实施，即“认可国家职业资格授予委员会以保障认证的质量；构建质量保障管理体系以保证管理的质量；对国家职业资格目标、结构、流程、管理和利益相关方满意度进行定期外部监测和绩效评估；根据程序开发和修订国家职业资格；认可培训机构，推动培训交付和实施的质量保证”①。巴基斯坦教育工作组通过立法制定相关法律框架，明确国家职业资格框架的实施要求和标准，规定国家职业资格的认证和授予机构的设立和运行模式，以及课程体系的评估和监管机制。国家职业资格机构在制定和优化职业资格、开展认证和评估、监督和指导培训机构等职能方面获得法律授权，从法律层面要求相关行业和职业必须获得国家认可的职业资格才能从事相关工作，此举促使培训机构提供符合国家标准的培训课程，以确保培训的质量和有效性。为保障国家职业资格框架的实施，巴基斯坦通过评估和监管机制，对培训机构进行定期的监测，发现和解决职业技能培训中存在的问题，实现课程体系的优胜劣汰。国家职业资格框架体系机构获得法律授权对于确保职业教育质量、促进行业发展、提升就业机会和促进国际认可等方面都具有重要意义。

措施七是“促进创业技能发展”，指向有创业愿望的接受职业教育与技术培训的学生提供相关创业技能，助力其实现创业梦想。具备一定专业技能的职业教育人才不愿意总受雇主牵制，而是希望通过创业来发挥自己的技术才能和创造力，希望将自己的专业技术和技能转化为实际的产品或服务，建成自己的事业，实现人生理想。另外，创业在解决自身就业的基础上，为寻找工作者创造了更多的就业机会，减少了失业人口的数量，改善了生活条件，提高了社会整体福祉，从而减少了社会贫困现象，进而减少了社会不满情绪，促进了社会稳定。因此，巴基斯坦教育工作组从“商业计划、财务管理、营销技巧、市场调查、质量保证和与金融机构接触

① Government of Pakistan. National “Skills for All” Strategy：A Roadmap for Skill Development in Pakistan[R]. Ministry of Federal Education & Professional Training，2018：39.

等”方面提供创业培训项目[①]。

在商业计划环节，通过提供市场判断、竞争分析、产品定位、目标市场和营销策略等方面培训培养学生制定商业计划的能力；在财务管理环节，通过提供预算编制、资金管理、成本控制、财务报表分析等方面培训培养学生财务管理的能力；在营销技巧环节，通过提供市场推广、品牌建设、销售技巧、客户关系管理等方面培训培养学生市场营销的能力；在市场调查环节，通过提供调查方法、数据分析、市场趋势预测等方面培训培养学生开展市场调研的能力；在质量保证环节，通过提供质量管理体系、质量控制方法、客户满意度调查等方面培训培养学生保障产品和服务质量的能力；在与金融机构接触方面，通过提供融资渠道、申请贷款、商业担保等方面培训培养学生利用金融服务的能力。

措施八是“提高评估和认证的有效性和相关性”，指通过优化评估体系提升认证的有效性和相关性。巴基斯坦教育工作组要求改变传统“基于理论的评估体系，形成以项目为导向，基于实践的评估体系”[②]。传统基于理论的评估体系，主要侧重于对学生的技能知识和相关概念的评测，这种评估体系通常依赖于笔试，通过问答题、选择题等方式来测试学生对于技能知识的掌握程度。以项目为导向，基于实践的评估体系则更加注重学生在实际项目中的能力表现和实践技能，侧重于考查学生在真实工作场景中解决技术问题的能力，学生需参与项目和实践操作，通过团队合作来完成安排的工程任务。

要改变传统基于理论的评估体系，巴基斯坦职业教育就需要将实际工程项目纳入评估体系中，要求学生通过工程实践活动解决问题、完成任务，并对其结果进行评估。基于实践的评估注重学生的实际操作和实践技能的展示，并强调学生的团队合作能力，因为真正的工程项目需要与人沟通和团队合作，通过完成小组项目的方式可以评估学生的合作能力和沟通能力。与此相对应，评估形式也从传统的笔试，演变为笔试、口试、展示、报告等多种形式。评估体系的改变更贴近实际产业发展需求，促进巴

---

① Government of Pakistan. National “Skills for All” Strategy：A Roadmap for Skill Development in Pakistan[R]. Ministry of Federal Education & Professional Training，2018：40.

② 同上.

基斯坦职业教育更好地培养学生的实践能力和项目管理能力。

（五）技能获取与教育公平

巴基斯坦倡导采用“以需求为导向的方法”（Demand-led Approach），旨在使职业教育与技术培训“满足当前和未来劳动力市场的需求”，同时，该国强调构建“全面的促进环境”（Comprehensive Enabling Environment），这一环境包含三大核心要素：首先，是物质环境，以优质的培训机构为代表，确保提供“相关且高质量的培训”；其次，是“支撑性环境”，包括“反应灵敏的公共机构、运作良好的行业主导机构和具有明确利益激励机制的私营机构”；最后，是“监管环境”，明确职业教育体系是“私营部门与公共部门、联邦与各省之间的共同责任”。[①]

传统的巴基斯坦职业教育与技术培训主要是知识性导向，注重传授学生技术知识，更加关注技术人才的供给，而不是与实际就业市场需求相匹配的实际技能。随着时间的推移和经济的发展，巴基斯坦意识到传统职业教育这种供给导向存在一些问题。因为所学的技术与实际需求不匹配，很多毕业生在就业市场上面临困难。基于此，在《国家全民技能战略》中，巴基斯坦决定转向以需求为导向的职业教育。

以需求为导向的职业教育与技术培训注重培养产业市场急需的实际技能和职业素养，更加关注就业市场的需求。职业院校需要通过校企合作、市场调研等方式来确定培训项目和课程设置，基于需求导向能确保学生毕业后满足就业市场的需求，提高就业机会和就业质量。

改变职业教育供给导向是为了提高巴基斯坦劳动力的市场竞争力，使学生能够更好地适应现实的职业需求。这种转变需要采取改革职业教育体系、深化产教融合、加大校企合作等措施，以确保学生能够获得与市场需求相匹配的实际技能。

巴基斯坦职业教育的支撑性环境是指为职业教育健康发展提供必要资

① Government of Pakistan. National “Skills for All” Strategy：A Roadmap for Skill Development in Pakistan[R]. Ministry of Federal Education & Professional Training，2018：41.

源和政策的各种机构和措施。公共机构主要涉及主管职业教育的政府部门，如国家职业与技术培训委员会、省技术教育与职业培训局等机构。这些政府机构通过制定相关职业教育政策、课程标准和质量监管制度等，推动职业教育发展。行业主导机构主要指由行业协会组成的专业指导机构，行业技能委员会是巴基斯坦职业教育中发挥重要作用的行业主导机构。行业技能委员会由相关制造行业的代表组成，负责识别行业需求、制定行业标准和进行技术指导，确保培训与实际需求相符。

私营机构参与指私营机构，特别是私营企业支持职业教育。相比公立机构或公立企业，私营企业通常具有更大的灵活性和快速决策的能力，他们能够根据市场产业需求的变化，迅速调整职业岗位。可见，私营企业通常更接近市场和行业需求，对于新岗位所需的技能和知识有更深入的了解。私营机构能够对职业技术教育机构的培训内容和教学方法提供切实的行业洞察和专业知识，从一线需求的角度确保学生获得与市场需求相匹配的技能。

巴基斯坦职业教育的监管环境分为国家和省两级，前者为国家职业与技术培训委员会，负责监督全国职业教育机构，确保其提供高质量的教育和培训，以满足市场需求；后者为各省技术教育和职业培训局，负责在各自省份实施职业教育政策，具体推动职业教育发展计划。职业教育机构必须通过国家和省级层面管理机构的评估和认证，以确保其教育模式、师资水平和装备设施符合规定的标准。

在构建良好职业教育环境的基础上，巴基斯坦教育工作组提出关于职业教育技能获取与教育公平的两点重要建议：其一是“需要特别重视、多方协调、共同努力”，“确保女性青年最大限度地参与技能培训”；其二是“赋权边缘群体”，为“身体残疾人群、孤儿等”“特别设计有针对性的职业教育和培训项目”①。巴基斯坦政府特别注重女性的技能发展，计划在职业教育领域提升性别平等。传统上，巴基斯坦女性的就业率相对于男性而言要低很多，这主要受到一些社会和文化因素的影响，比如女性的首要角

① Government of Pakistan. National “Skills for All” Strategy：A Roadmap for Skill Development in Pakistan[R]. Ministry of Federal Education & Professional Training，2018：42–43.

色一般被认为是生育抚养下一代并照顾家庭成员。另外，传统巴基斯坦社会对女性在特定行业和职业的就业参与存在限制，一些行业被认为是男性领域，如建筑、工程等，女性很少能够进入。而对于女性可以就业的领域，如“办公室管理与办公自动化、酒店管理、旅游、餐饮管理、儿童保育”等又没有相关职业技能的培训资源①。

在《国家全民技能战略》中，巴基斯坦政府计划通过提供职业教育和技术培训，帮助女性获得技能，增强其就业能力。同时，政府还计划打破性别刻板印象和社会障碍，充分利用信息数字技术，在更多行业设置适合女性的岗位，使女性能够顺利参与到相关行业的就业中。中巴经济走廊建设是一个重要发展机遇，这一建设项目“为巴基斯坦女性劳动力提供了相当多的就业机会，特别是在互联网技术、酒店管理和医护领域”②。《国家全民技能战略》让巴基斯坦的女性获得专业技能，特别是重大战略项目中所需要的技术技能，提升其社会地位和自信心，这有助于改变该国社会对女性的看法，并促进性别平等和社会包容。

巴基斯坦职业教育致力于实现社会公平，确保所有群体都能平等获得技能提升和就业的机会。孤儿、残疾者等是社会的弱势群体，很多不能融入社会以开始正常生活。巴基斯坦教育工作组在《国家全民技能战略》中提出“根据这一群体的需要及其生活环境专门设计职业技术教育项目”③，要专门设计适合这些弱势群体的职业技术培训课程，让残疾者、孤儿等能够获得产业市场需要，同时学习她/他们力所能及的技能。通过对弱势群体给予技能培训，提高了她/他们的就业能力，弱势群体通过力所能及的就业融入社会，增加收入，获得独立生活的能力，改善生活质量，这不仅能提高弱势群体的社会地位和自信心，在社会中获得尊重和认可，还能促进社会和谐和包容，有效减少贫困和社会不平等。

总之，巴基斯坦专门为弱势群体设计并提供技能培训是为了提高其就业能力，激活其自身技能潜力，为其提供更有持续性的未来发展。弱势群

---

① Government of Pakistan. National “Skills for All” Strategy：A Roadmap for Skill Development in Pakistan[R]. Ministry of Federal Education & Professional Training，2018：23.

② 同上.

③ 同上 42.

体以一技之长融入社会，赢得社会的尊重与认可，从而有效地解决贫困、不公平、矛盾冲突等社会问题，实现由包容性带来的社会和谐。

（六）赋权产业机构

产业参与能有效保障职业教育的质量。职业教育的办学目标是培养适应社会经济发展需求的人才，而产业是经济发展的主体，对技能人才需求有一线的经验，能给出切实的需求反馈。产业参与可以帮助职业教育机构了解产业需求，调整课程设置和教学内容，使技能教育培训与产业需求更加匹配。但在巴基斯坦，产业参与职业教育还存在不少问题，突出表现在缺乏有效的合作机制，产业界和职业教育机构双方难以及时了解彼此的需求和期望，产业界因自身利益考虑参与不积极等，这可能导致职业教育培训机构的课程设置与实际产业需求不匹配，影响到技能人才培养质量和就业机会。

根据先前产教合作的痛点，巴基斯坦教育工作组提出了关于"提升产业参与"的四条建议，即"增加产业在决策层面的参与"、"产业参与职业技术教育部门的倡导和宣传"、"通过国家职业资格框架实现产业主导的高质量职业技术教育交付"及"建立综合产业参与的行业技能委员会"[①]。

建议一为"增加产业在决策层面的参与"，巴基斯坦教育工作组建议在"国家、省、地区级职业技术教育机构的决策理事会中，相关产业的代表至少增加到50%，并由私立部门人员担任理事长"，正式加入"商业与产业协会（Business and Industry Associations，BIAs）"，给予该协会"在职业技术教育体系一定的授权职责"[②]。产业不愿意参加职业教育培训的一个重要原因是产业机构在职业技术教育体系中没有决策权，主要决策权在国家职业与技术培训委员会、省技术教育与职业培训局和职业教育与技术培训机构。缺乏决策权导致了一系列的不良后果，产业部门的技术技能诉求在职业技术教育体系中得不到有效保证，职业技术教育体系所培养的技

① Government of Pakistan. National "Skills for All" Strategy：A Roadmap for Skill Development in Pakistan[R]. Ministry of Federal Education & Professional Training，2018：43.

② 同上.

能人才与产业需求不完全匹配，影响了技能人才供给，也影响了职业技术教育的社会声誉和社会认可度。

在《国家全民技能战略》中，巴基斯坦教育工作组建议在各级职业技术教育决策理事会中产业代表的比例不低于50%，并且由私立产业部门作为理事长单位，产业部门的决策权大幅度增加意味着产业部门在该体系中拥有更大的话语权和参与度。产业部门可以参与制定和更新课程，确保培训内容与实际工作需求相匹配，职业技术教育培训机构切实地为产业的技术需求提供人才供给；产业部门可以参与决定职业技术教育体系的资源分配和预算规划，确保资源按照产业发展的需求合理分配，并为产业提供发展机遇。技能人才供给和资源配置等决策权有效调动了产业部门，尤其是私立产业部门的积极性。

增加产业部门在职业技术教育体系中的决策权能有效提升职业教育与实际需求的匹配率，产业部门掌握一线的技术需求，熟悉一线工作环境，其参与可以为职业技术教育体系提供实际的指导和反馈，可以确保培训课程与实际工作需求相匹配，产教深度融合形成合作伙伴关系，有利于提高毕业生的就业机会和就业质量，职业教育体系也相应地促进产业竞争力的提升。

巴基斯坦商业与产业协会是各个行业和产业协会的代称，比较出名的商业与产业协会有巴基斯坦联邦商工会（Federation of Pakistan Chambers of Commerce and Industry，FPCCI）、拉合尔商工会（Lahore Chamber of Commerce and Industry，LCCI）、卡拉奇商工会（Karachi Chamber of Commerce and Industry，KCCI）、全巴基斯坦纺织厂商协会（All Pakistan Textile Mills Association，APTMA）、巴基斯坦伊斯兰制药厂商协会（Pakistan Tibbi Pharmaceutical Manufacturers Association，PTPMA）、巴基斯坦汽车制造商协会（Pakistan Automotive Manufacturers Association，PAMA）等。这些商业与产业协会代表着各个产业、行业的利益，协会成立的目标是促进产业、行业发展，为会员提供相关支持和服务。

巴基斯坦商业与产业协会在职业教育和技术培训体系中扮演着重要角色。首先是进行行业需求分析，商业与产业协会便于收集和分析产业市场的需求和发展趋势，为职业教育机构提供有关行业的技能需求信息和就业机会。其次是提供技术指导和咨询，帮助制定职业标准和课程体系。商业与产业协会与职业技术教育机构合作，可以共同制定适应行业需求的职业标准和课程体系，并帮助职业技术教育机构改进教学模式，以适应行业的最新技术需求，确保学生毕业后具备实际应用所需的技能和知识。再次，提供实习、就业机会，商业与产业协会由企业组成，因此便于提供实习和就业机会，让学生在真实工作环境中应用所学技术技能，并帮助她 / 他们顺利就业。最后，进行职业培训和认证，商业与产业协会可以组织职业培训课程，并颁发相应的证书，能确保培训质量和学生所获得的技能符合行业标准。

可见，商业与产业协会可以有效促进行业、企业与职业技术教育机构之间的合作和交流，推动校企合作和产教融合，为职业教育提供技术创新平台和就业发展空间。因此有必要授予其一定的职权，让商业与产业协会深度融入到职业技术教育的发展中。

建议二为“产业参与职业技术教育部门的倡导和宣传”，“由选定的商业与产业协会在国家、省、地方层面上参与强有力的宣传活动”[①]，也就是充分利用商业与产业协会的资源和影响力，对巴基斯坦职业技术教育体系进行广泛和深入地宣传，制作网络和纸质宣传材料，在产业协会组织的相关行业活动、研讨会、展览会中展示巴基斯坦职业技术教育体系的价值、课程内容和就业机会等，提高行业、产业受众对职业教育成果的认知和价值的重视。

人们对职业教育有偏见，但对行业、企业却没有，尤其对于头部企业，以能进入其中获得一份工作为荣。行业、企业参与职业技术教育的宣传，展示行业、企业与职业技术教育的密切关系，表明优质职业技术教育是通向头部企业的重要路径。在宣传中，行业、企业特别要展示职业教育优秀毕业生在头部企业就业，并取得显著成绩的优秀案例，让广大受众意识到自己通过职业技术教育这条路径也能进入头部企业，做出同样的成绩。可见，产业参与宣传能有效提升职业技术教育的社会声誉与社会认可度。

建议三为“通过国家职业资格框架实现产业主导的高质量职业技术教

① Government of Pakistan. National “Skills for All” Strategy：A Roadmap for Skill Development in Pakistan[R]. Ministry of Federal Education & Professional Training，2018：43.

育交付”，扩大国家职业资格框架覆盖范围，将“有组织的私立机构纳入国家职业资格框架”[①]。在巴基斯坦，不少私立职业技术教育机构没有被纳入国家职业资格框架。虽然巴基斯坦政府制定国家职业资格框架的目的是全面提升全国的职业教育与技术培训的质量，使其达到国家职业资格标准，但在实际运行中，私立职业技术教育机构的数量庞大、种类繁多，政府资源有限，短期内难以对所有私立职业技术教育机构进行全面监管和认证。此外，不少私立职业技术教育机构的管理和运营也存在一定程度的不规范性，短期内也难以达到国家标准。这种质量和认证方面的问题导致不少私立职业技术教育机构没有被纳入国家职业资格框架体系。

公立职业技术教育机构虽然具有标准的教学装备和课程资源，但数量偏少，力量有限，为了提升全民技能水平，必须充分发挥私立职业技术教育机构的潜能。在这种情况下，政府将私立职业技术教育机构纳入国家职业资格框架的建设范围，通过资源投入，提升其技能人才培养水平，经过建设、认证，使私立职业技术教育机构达到国家职业资格培训标准，成长为优质的职业教育资源。

建议四为“建立综合产业参与的行业技能委员会”，由行业技能委员会“设计和提供需求驱动的培训项目”[②]。综合产业（Comprehensive Industry）指涵盖整个产业链的产业，包括原材料生产、制造、加工、销售和服务等各个环节，这种产业通常具有较高的垂直整合程度，能够提供从原材料到最终产品的全面解决方案。建立由综合产业参与的行业技能委员会，事关一个行业整个产业链的运行管理，这一委员会参与职业教育与技术培训，能够让一个行业的技能人才链纳入产业发展的整个过程，产业链完全对接人才链，产业中的需求和人才的供应能够更加精准地匹配。产业链中的企业能够更清楚地了解其所需的人才类型和技术技能，由其组成的行业技能委员会所设计的技能培训项目，能够迅速适应产业的发展和变化，更有针对性地培养出具有实践能力和产业需求的技能人才。

---

① Government of Pakistan. National “Skills for All” Strategy：A Roadmap for Skill Development in Pakistan[R]. Ministry of Federal Education & Professional Training，2018：43.

② 同上.

（七）面向国际市场的技能发展

巴基斯坦的失业率一直在较高水平，尤其是大量的年轻人在国内找不到工作，导致社会出现贫困、边缘化等诸多不稳定因素。此外，巴基斯坦的就业机会主要集中在农业和非正规部门，而在正规公立部门的就业机会相对较少。巴基斯坦的劳动力面临着失业率高、工作环境差、工资低等问题。尽管先前政府一直在努力促进经济增长和创造更多的就业机会，但由于其经济结构和人才培养的问题没有大的改变，就业率低问题仍然存在。农业和非正规部门占相当大的份额，此两者皆收入不高，生活保障力弱，且发展缓慢，很多年轻人不愿意在这两个部门就业。另外，巴基斯坦的教育体系也有不少问题，大家更倾向于普通教育，职业教育常常是“最后的选择”，导致全民技能水平弱，而职业教育又难以招来优质生源，其培养质量也不高，主要表现在产教融合度弱，产业由于缺乏决策权，追求短期经济效益，而不愿意参与职业教育投资，导致职业院校培养的技能匹配度低，学生难以到高端企业就业。

在国内劳动力市场就业机会不足的情况下，巴基斯坦开始注重本国青年的国外就业，通过这种就业方式的转变，既减轻了国内的就业压力，提高了国民收入，还能将大量海外工资收入寄回国内，为巴基斯坦赚取更多的外汇储备，这对于一个相对弱的经济体而言至关重要。外汇汇款被认为“一直是巴基斯坦的主要经济支柱之一，巴基斯坦稳定的高端技能流动，不仅对经济的可持续发展是必要的，而且这一国家能进一步增加外汇流入所带来的收益”[①]。高端国际化就业对于青年劳动力的经济收益和个人发展起到非常重要的作用。面向国际市场提供需要的技术技能培训，是巴基斯坦职业教育机构的重大使命。

巴基斯坦青年的国际化就业主要面向经济合作与发展组织（Organization for Economic Cooperation and Development，OECD）国家和海湾合作委员会（Gulf-Cooperation Council，GCC）国家，前者主要涉及美、英、德、

① Government of Pakistan. National “Skills for All” Strategy：A Roadmap for Skill Development in Pakistan[R]. Ministry of Federal Education & Professional Training，2018：21.

法、日、加、澳等国家，后者主要涉及阿拉伯半岛的六个国家，即沙特阿拉伯、阿联酋、巴林、卡塔尔、阿曼和科威特。与其周围国家印度、斯里兰卡、菲律宾、孟加拉国相比，巴基斯坦在国外就业的技术工人数量居中位，为 609.8 万，而印度、斯里兰卡、孟加拉国、菲律宾在国外就业的技术工人人数分别为 1 644.5 万、172.8 万、779.7 万和 597 万[①]。巴基斯坦总人口（2.4 亿）在这些国家中仅次于印度（14.2 亿），居第二位，若按照五个国家的总人口来计算比例，大致可以得出五个国家的国际化就业人口占其自身总人口的比率，巴基斯坦为 2.54%，印度为 1.16%，斯里兰卡为 7.8%，孟加拉国为4.59%，菲律宾为5.43%[②]。可以看出，巴基斯坦仅高于印度，但是印度人口基数很大，虽然比例较低，但是其国际化就业人员的绝对数一直遥遥领先。平均每位技术工人的外汇汇款，从低向高依次为孟加拉国 1 727.53 美元，巴基斯坦 3 224.5 美元、斯里兰卡 4 159.91 美元、印度4 193.91美元、菲律宾5 495.26美元[③]。巴基斯坦位列倒数第二，仅高于孟加拉国。在激烈的国际就业市场中，巴基斯坦的技能人才就业并不占优势，甚至已经开始落后于周围国家。2017 年之后，国外就业越来越难，“2015 年、2016 年、2017 年、2018 年的国外就业人数分别为 946 571 人、839 353 人、496 286 人、244 504 人”[④]。可见，其国际化就业人数呈现逐年递减的趋势，并且 2017 年和 2018 年只是前一年 59.1% 和 49.3%。这种递减与目标国的政治环境、产业需求变化有关。巴基斯坦外汇汇款是其国家的重要经济收入形式，为了避免其外汇收入缩减，巴基斯坦在国际就

① 数据根据《国家全民技能战略》对这五个国家的国际劳动力和外汇汇款的比较统计表计算而得，详情见 Government of Pakistan. National “Skills for All” Strategy：A Roadmap for Skill Development in Pakistan［R］. Ministry of Federal Education & Professional Training，2018：22.

② 斯里兰卡、孟加拉国、菲律宾的总人口分别为 2 218 万、1.7 亿、1.1 亿，这五个国家总人口的数据来源于中国外交部官方网站，基本都统计到 2022 年的数据，而国际化就业人数的统计为 2017 年，但是所计算的比例基本能反映一个国家国际化就业的比例，具体数据详情见中国外交部网站 http://newyork.fmprc.gov.cn/gjhdq_676201/gj_676203/yz_676205/.

③ 数据根据《国家全民技能战略》对这五个国家的国际劳动力和外汇汇款的比较统计表计算而得，详情见 Government of Pakistan. National “Skills for All” Strategy：A Roadmap for Skill Development in Pakistan［R］. Ministry of Federal Education & Professional Training，2018：22.

④ Government of Pakistan. National “Skills for All” Strategy：A Roadmap for Skill Development in Pakistan［R］. Ministry of Federal Education & Professional Training，2018：22.

业市场上一定要有所作为。目标国政治环境发生变化，不适宜去工作，就需要调整到新的目标国，目标国产业需求发生变化，就需要调整技能人才培养内容，适应新的技术技能需求，调整和提升相关青年的技术技能。

为促进青年的国际化就业，巴基斯坦《国家全民技能战略》提出面向国际市场开发的六项措施，笔者根据实际内容将其概括为四项举措："提升国家技术信息系统"、"建立面向目标国的特定职业技术教育机构"、"在海外就业市场上获得巴基斯坦劳动力配额"及"与目标国家建立平等的区域或双边资格框架"[①]。这四项举措旨在建立强大的职业教育和技术培训国际化机制，培养符合国际标准的技术技能人才。

举措一为"提升国家技术信息系统"，巴基斯坦计划通过与"海外就业公司（Overseas Employment Corporation，OEC）、海外巴基斯坦人基金会（Overseas Pakistanis Foundation，OPF）和移民与海外就业局（Bureau of Emigration and Overseas Employment，BE&OE）建立垂直和水平联系"，进一步提升国家技术信息系统[②]。海外就业公司负责为巴基斯坦劳动力在国外提供就业机会，该公司协助招聘和安置技术工人，指导关于海外就业的程序，确保海外巴基斯坦人的工作福利。海外巴基斯坦人基金会旨在支持和帮助巴基斯坦人在国外的生活，该基金会为海外巴基斯坦人提供教育援助、医疗设施、住房计划、财务支持和投资机会等服务。移民与海外就业局是巴基斯坦的一个政府机构，负责监管巴基斯坦的移民和海外就业事务，该局负责制定与移民和海外就业相关的政策、规章，核发工作签证，处理移民申请，为寻求工作或移民海外的个人提供相关的咨询和支持服务。

这里的垂直联系是指国家技术信息系统与海外就业公司、海外巴基斯坦人基金会和移民与海外就业局之间的层级关系，国家技术信息系统处于较高的层级，并有权下达任务，要求海外就业公司、海外巴基斯坦人基金会和移民与海外就业局提供国外的技能信息。

水平联系是指国家技术信息系统、海外就业公司、海外巴基斯坦人基金会和移民与海外就业局之间的合作和协调关系，这些组织在同一层级上

---

① Government of Pakistan. National "Skills for All" Strategy：A Roadmap for Skill Development in Pakistan[R]. Ministry of Federal Education & Professional Training，2018：44.

② 同上.

共同努力，分享信息、资源和经验，通过改善国家技术信息系统更好地支持海外巴基斯坦人的就业需求。

举措二为“建立面向目标国的特定职业技术教育机构”，巴基斯坦《国家全民技能战略》将“一些现有最优秀的职业技术教育机构指定为这样的机构”，同时“动用资源建立更多机构或将一些机构升级为国际职业技术教育卓越中心”①。如果巴基斯坦青年在国际市场上从事无技术含量或简单技术类的工作，收入待遇会非常低，不利于提高其家庭收入，也不利于巴基斯坦的外汇储备。因此，巴基斯坦面向国际市场目标国的职业教育文化和产业需求，培养技术技能人才。了解目标国的职业教育文化和产业需求，就需要了解目标国的职业教育体系、职业培训机构、产业结构、就业市场和行业趋势，确定目标国所需的具体技能和专业领域。根据目标国的产业需求，开展针对特定职业领域的技能培训项目，并注重职业教育文化、民族文化知识的培训。

针对满足目标国职业技能需求的国际化要求，仅凭常规的职业技术教育机构可能难以胜任。为此，巴基斯坦率先采取了策略，选择国内一流的职业技术教育机构，专门开展面向目标国的技术技能培训，并注重职业技术教育资源培育，大力投入教育资源，旨在建设一批职业技术教育机构，使其成长为针对目标国的技术技能人才培养中心。巴基斯坦在建立这种职业技术教育机构的过程中，注重遴选与培育相结合，先选出一流的职业技术教育机构，再把稍弱的职业技术教育机构培育成合格的机构，这样既能立刻开展工作，又有可持续性，且保证了人才培养供给能力不断增强。

举措三为“在海外就业市场上获得巴基斯坦劳动力配额”，将“巴基斯坦青年海外就业设为定量目标，作为一种关键绩效评估标准，分配给所有巴基斯坦使团/大使馆/商务处”②。海外就业需要工作配额，目标国一般会控制外国人在其国内的就业数量和类型，巴基斯坦人若想在某些国家就业，需要这些国家特定的工作许可。这种工作配额主要由目标国的政府根据劳动市场需求和研究相关政策后制定。当然，目标国首先要确保本国公

① Government of Pakistan. National “Skills for All” Strategy：A Roadmap for Skill Development in Pakistan[R]. Ministry of Federal Education & Professional Training，2018：44.

② 同上.

民有足够的就业机会，其次才会根据国内产业发展对职业的需求，对外国人的工作配额进行分配，若要获得海外工作配额，通常需要满足一定的条件，并遵循相关程序。在《国家全民技能战略》中，海外就业已经成为巴基斯坦外交工作的重要任务。巴基斯坦使团、大使馆或商务处依靠自身的外交外事平台，与目标国的政府机构、行业协会和产业企业进行深度沟通来确定劳动力需求。根据目标国家的规定和程序，向其相关政府部门提供本国技能人才国际化培养的文件和证明，申请并获得巴基斯坦劳动力配额。

举措四为“与目标国家建立平等的区域或双边资格框架”，通过“签署谅解备忘录”实现与目标国的职业资格证书互认①。区域资格框架是指由多个国家共同制定的标准和规范，用于评估和认可在该区域内获得的技术培训和职业资格，这样的框架旨在促进三国及以上人员的流动，使得在该区域内获得的资格可以被其他成员国承认和接受。到目前为止，巴基斯坦尚未建立具体的区域职业资格框架。

双边资格框架是指两个国家之间达成的协议，用于相互认可和接受彼此国家所颁发的技术培训和职业资格证书。这样的框架旨在促进双边国家之间的职业资格互认，如在巴基斯坦政府与德国政府合作推行的一个职业教育项目中，巴基斯坦的一家汽车制造企业与德国的一家汽车制造企业合作，根据双边职业资格框架，该企业与德国企业共同制定了职业技术培训计划。在此框架下，巴基斯坦企业的员工被派往德国进行为期一年的培训，接受德国专业技术人员的指导和培训，学习先进的汽车制造技术、质量控制标准以及现代化的生产管理方法。同时，他/她们还会参观德国的汽车制造工厂，亲身体验德国企业的生产流程和管理模式。培训结束后，这些员工回到巴基斯坦企业，将所学到的知识和技能应用于实际生产中，成为企业的技术骨干，带领其他员工从事相关的生产与管理工作。通过这种方式，巴基斯坦企业的生产效率和产品质量得到了显著提升，企业的竞争力也明显增强。同时，这些员工也通过培训掌握了先进的职业技能和管理策略，成为了德国企业急需的高端技能人才，在巴基斯坦工作一段时间后，

① Government of Pakistan. National “Skills for All” Strategy: A Roadmap for Skill Development in Pakistan[R]. Ministry of Federal Education & Professional Training, 2018: 44.

可返回德国，在德国汽车制造企业就业，实现双边资格框架下的海外就业。

可见，巴基斯坦职业教育国际化机制具有很强的适应性，通过国家技术信息系统建设充分了解国际市场，特别是目标国家的产业需求，并通过专门面向目标国家的职业技术培训，有针对性地培养技术技能人才。另外，巴基斯坦充分利用政府在外交领域的丰富资源，争取就业配额，并与目标国家建立双边或区域资格框架，实现资格互认，推动巴基斯坦青年技术技能人才在目标国家顺利就业。

（八）职业技术教育宣传计划

与众多发展中国家相似，职业教育在巴基斯坦并未受到高度重视，往往被视为学生在无法接受普通教育之后的无奈之选。这种状况无疑损害了职业教育的形象，进而影响了其生源。为了扭转这一局面，巴基斯坦政府提议从宣传层面入手，重塑职业教育与技术培训的良好形象。

在《国家全民技能战略》框架内，巴基斯坦教育工作组提出了两套核心措施：其一是“短期形象建设——意识提升”，其二是“中长期形象建设——以实质行动强化成效”[①]。针对短期内的意识提升，工作组计划“发起一场目标明确的宣传活动，旨在向青年学生及其家庭展示职业教育的存在价值及其带来的诸多益处”，此举的迫切性在于，调查发现“高达 90% 的高中学生从未接触过技能发展项目的信息”，为了有效传达这一信息，工作组将采取一系列策略，包括建立职业技能品牌、邀请行业领军人物及名人通过数字媒体进行推广、在中学举办职业技能讲座、组织技能竞赛以及开展行业相关的宣传活动[②]。高中生通常视升入大学为普通教育的自然延续，而对职业教育则兴趣寥寥。通过这些宣传活动，我们期望能够吸引一部分原本对纯学术教育不感兴趣、仅因家长偏好或外部环境影响而选择高中的学生，转而参与职业教育培训项目。这些学生或许能在职业技术领域找到

① Government of Pakistan. National “Skills for All” Strategy: A Roadmap for Skill Development in Pakistan[R]. Ministry of Federal Education & Professional Training, 2018: 45–46.

② 同上 45.

真正的兴趣所在，并更容易在该领域内取得成就。宣传活动的最终目的是让学生和家长认识到，除了传统学术路径外，还有另一条通往成功和成才的道路，从而鼓励学生根据自己的兴趣和实际情况做出更适合自己的选择。

技能竞赛是提升职业教育形象的关键平台。学生们从学校层面的比赛出发，历经地区赛、省级赛的激烈角逐，最终有机会晋级至国家级比赛。若能在国家级比赛中斩获奖项，这不仅标志着他们的技术技能已获得了国家级的认可，更为他们的就业和职业发展提供了强有力的支持。此外，通过重要媒体的广泛报道，以及官方对获奖者授予的荣誉和奖金，职业教育的社会形象将得到显著提升。

职业教育品牌的建立至关重要。一个强大的职业教育品牌能够塑造良好的社会声誉和信任度，使人们对该教育的质量和学生的就业前景充满信心。这样的品牌效应不仅能吸引更多的学生，使他们更倾向于选择具有良好品牌形象的职业技术教育机构，同时也能吸引优秀的教师加入，因为他们更愿意在拥有优秀品牌的教育机构中工作。特别是在高等教育日益普及的今天，其原有的吸引力正在逐渐减弱，而高质量的职业技术教育则迎来了前所未有的发展机遇。因此，树立强大的职业教育品牌，对于职业教育在激烈的教育市场竞争中立足并脱颖而出，具有举足轻重的意义。

中长期策略着重于实施较为长期的政策来促进相关行动。在《国家全民技能战略》中，提出了诸如"将技能整合进小学、初中课程"、"成立独立的技能学校"、"为职业技术教育开辟更高的学术发展路径"以及"在政府招标中明确要求投标公司必须设立职业教育和培训部门"等①一系列规划。将技能技术类知识融入中小学课程，这一举措彰显了职业教育与普通教育之间的融合。它使学生在接受普通教育的同时，也能学习到技术技能，从而促进学生的全面发展。

《国家全民技能战略》中提及的"独立的技能学校"，实际上指的是职业类高中。这类高中从初中阶段开始招生，学生入学后将学习"高中文化课程 + 专业课程"，毕业后可获得职业高中文凭，并可选择通过普通教育

① Government of Pakistan. National "Skills for All" Strategy: A Roadmap for Skill Development in Pakistan[R]. Ministry of Federal Education & Professional Training, 2018: 46.

或职业教育两种途径继续升学。战略中提出的“为职业技术教育提供更高的学术途径”，意味着中职、高职并非职业教育的终点，职业教育的学生有进一步升学的机会。巴基斯坦已经设立了职业技术本科类院校，例如旁遮普天津技术大学，以及一些工科硕士和博士项目，为学生提供深造的平台。此外，职业院校的学生也有机会转入普通教育体系，考入普通本科，并沿着普通教育的硕士、博士路径升学。这三个方面均展现了职业教育与普通教育的融通，打破了两者之间的壁垒，为职业教育的学生提供了更广阔的升学和晋升空间。学生可以根据自身兴趣和能力做出选择，从而最大程度地发挥自己的潜力。这种学业上的自由度有助于提升职业教育的形象。

“政府招标中要求投标公司必须有职业教育和培训部门”是一项对企业的强制性规定。没有职业教育和培训部门的企业将无法参与政府项目的招标，也就无法承担政府委托的重大项目。这是政府通过政策手段推动企业重视职业教育和技术培训，鼓励企业成为产教融合型企业，深度参与职业教育的发展。大型企业和知名企业在社会上享有较高的声誉，由这些企业来举办职业教育，能够利用最先进的设备培养技能人才，并为合格的学生提供在大型企业就业的机会。良好的就业机会和职业发展前景对于提升职业教育的社会形象具有积极作用。

第六章 中巴职业教育合作

中国与巴基斯坦正式建交于1951年，但两国人民的交往可追溯到汉朝张骞出使西域之时。公元前139年，张骞奉汉武帝之命出使西域，到过的“大月氏和大夏就涉及今巴基斯坦境内区域”[①]。203年后（公元64年），汉明帝“派使者前往西域寻访文化”，到达“贵霜帝国”，与“天竺高僧迦叶摩腾、竺法兰”相遇[②]。三年后（公元67年），两位高僧回访中国洛阳，受到汉明帝高规格接待，并为其建设白马寺，供其译经传道。正是在这里，迦叶摩腾和竺法兰在中国“王尊或秦景为主的一组博士子弟”的协助下合作翻译了《四十二章经》，这部经典是“现存最早的佛经汉语译本”[③]。因此，两位高僧对佛教在中国的传播发挥了重要作用，受此影响，中巴之间的佛教交流多了起来。

---

① 刘锦前，等．“一带一路”国别研究报告　巴基斯坦卷［M］．北京：中国社会科学出版社，2022：559–560.

② 贵霜帝国国都为“布路沙布逻”，即“现在巴基斯坦的白沙瓦”，是“佛教文化中心”。详情见刘锦前，等．“一带一路”国别研究报告　巴基斯坦卷［M］．北京：中国社会科学出版社，2022：560–561.

③ 傅惠生．论《四十二章经》译文的历史经典性［J］．华东师范大学学报：哲学社会科学版，2014（6）：73–76.

东汉永平至延康年间，身毒、贵霜帝国、康居、安息和西域每年都有高僧来到中原传道或译经。受此影响，中国的僧人也前往身毒、贵霜帝国等国，宣传中原的佛家思想，并受到当地信徒推崇与爱戴。[①]

佛教文化与中华文化的交流促进了中巴文化互鉴、互补，丰富了各自文化内涵，也为双方进一步交往打下了思想文化基础。新中国成立后，中国和巴基斯坦的经济、文化交往更加深入，尤其是“中巴经济走廊”（2013 年）和“一带一路”倡议（2015 年）的提出，为中巴两国在经济领域的深度合作绘制了广阔的蓝图。中巴经济走廊成为“一带一路”倡议的重要内容，为响应中巴合作计划，中资企业开始大规模进入巴基斯坦，从事建设与生产。在此过程中，中资企业面临的一个突出问题便是技术技能人才短缺，无法满足其在巴基斯坦开展工作的人力资源需求。中巴职业教育合作就这样应中巴经济走廊建设所需而产生了。

中国与巴基斯坦在职业教育领域的合作主要体现在天津市与旁遮普省的合作，具体由旁遮普省技术教育与职业培训局与天津市教育委员会两个省级职业教育主管机构负责实施，目前有两大合作项目，一是巴基斯坦鲁班工坊（Pakistan Luban Workshop），二是旁遮普天津技术大学（Punjab Tianjin University of Technology），前者引进了天津专科层次的职业教育资源，后者引进了天津本科层次的职业教育与应用技术教育资源。

一、巴基斯坦鲁班工坊

（一）鲁班工坊概况

鲁班工坊，作为中国职业教育靓丽的国际名片，起源于天津作为国家职业教育改革试验区（2005—2010 年）和国家职业教育改革创新示范区（2010—2015 年）十年的建设经验，是在国家现代职业教育改革创新示范

① 刘锦前，等. “一带一路”国别研究报告 巴基斯坦卷［M］. 北京：中国社会科学出版社，2022：561.

区（2015—2020 年）建设中正式实施的天津职业教育境外办学形式。凭借鲁班工坊，天津职业教育走出国门，与国家优质产业携手走向“一带一路”共建国家，形成境外办学实体。

鲁班工坊主要由天津渤海职业技术学院、天津机电职业技术学院、天津轻工职业技术学院、天津现代职业技术学院、天津铁道职业技术学院、天津工业职业学院、天津商务职业学院、天津医学高等专科学校、天津经济贸易学校、天津市东丽区职业教育中心学校、天津职业大学、天津中德应用技术大学、天津职业技术师范大学、天津农学院、天津理工大学等职业类院校和工科类院校在天津市教委的领导下开展建设，我国院校与合作国同类院校深度合作，由外方提供场地，我方提供技术装备、课程标准、教学模式和教学资源，为合作国培养鲁班工坊师资，再由这些师资去培养其本土学生。

合作国师资培养先行是国际化教育的一项重大创新，传统国外教学项目主要是国内教师直接赴国外合作院校工作，直接面对合作国学生，而鲁班工坊主要是培养合作国职教师资，再由这些本土师资去培养当地学生，这样国内教师不用长期居住在国外，可以通过国内培训教学，或短期出访，实施现场指导、教学装备运维指导来实施国际化办学，由当地教师去教授鲁班工坊核心要义与专业技能。这一方面节省了大量的出国费用和人力资源，另一方面也避免了因语言、文化差异导致的种种直面学生的教学困难。

鲁班工坊兼具培训和学历教育两种功能，办学层次有中专、大专、本科和研究生。天津经济贸易学校与英国奇切斯特学院（Chichester College）建设的英国鲁班工坊，天津铁道职业技术学院、天津第一商业学校和吉普提工商学校建设的吉普提鲁班工坊属于中专层次；天津渤海职业技术学院、天津铁道职业技术学院与泰国大城技术学院合作建设的泰国鲁班工坊，天津轻工职业技术学院、天津机电职业技术学院与印度金奈理工学院合作建设的印度鲁班工坊属于大专层次；天津机电职业技术学院与葡萄牙塞图巴尔理工学院合作建设的葡萄牙鲁班工坊属于本科和研究生层次；天津轻工职业技术学院、天津交通职业学院与埃及艾因夏姆斯大学、开罗高级维修技术学校分别建成两所埃及鲁班工坊，分属本科和中专两个层次；巴基斯坦鲁班工坊由天津现代职业技术学院与旁遮普省技术教育与职业培训局合作建立，起初属于大专层次，后来又与木尔坦一所农业大学合建，将学历层次提升到本科。

不少鲁班工坊的专业教学已经嵌入到合作国的国民教育体系中，如泰国鲁班工坊、卢旺达鲁班工坊，这样鲁班工坊能覆盖更广泛的学生群体，扩大其影响力和受众范围，也增加了其在社会上和教育界的认可度和权威性，并且能够获得合作国的教育资源和政策支持，同时也要接受合作国严格的评估和监督，促使其不断改进和提高教学质量。

鲁班工坊的教学模式为工程实践创新项目，该教学模式注重工程化、实践性、创新型、项目式。其工程化指教学内容来自真实生活、真实工作需要；其实践性要求学生必须动手操作；其创新型要求学生在操作工艺流程时，需要在老师的指导下或和其他团队成员合作，优化工艺流程，形成创新型产品；其项目式指将一项技能的学习和培训作为一个完整的项目来进行，在实施项目的过程中，习得技术技能，而不是在知识点讲解中理解技术知识。

第一个鲁班工坊成立于 2016 年，由天津渤海职业技术学院与泰国大城技术学院合作成立，开创了鲁班工坊办学的先河，之后鲁班工坊如雨后春笋般一个一个地建立起来，截止到 2023 年 8 月，天津市在 20 个国家共建立了 21 所鲁班工坊。

（二）巴基斯坦鲁班工坊的建设历程

鲁班工坊于 2018 年 7 月登陆巴基斯坦，这是天津市教育委员会与巴基斯坦旁遮普省技术教育与职业培训局的重要合作项目，由天津现代职业技术学院具体实施建设。巴基斯坦鲁班工坊坐落在旁遮普省技术教育与职业培训局总部，根据巴基斯坦现实需要和天津现代职业技术学院的专业特长，开设机电一体化和电气自动化两个专业，计划每期培训 25 名学生，培训时间为六个月，学生结业时可获得 G3 资格证书。学生由旁遮普省技术教育与职业培训局从下属的职业学校选拔，并进入鲁班工坊开始学习，目前成绩优秀者留在了紧邻旁遮普省技术教育与职业培训局的中心校工作。

巴基斯坦旁遮普省技术教育与职业培训局是本省职业院校的管理机

构，管理下属 400 余所职业类院校。这是天津市职业院校与合作国省级职业教育管理机构的合作，相比较于传统校校合作是一项创新，扩大了合作的范围，也便于从大量的学生群体中选拔优质的生源。旁遮普省技术教育与职业培训局作为职业院校的管理机构，对产业需求有准确的判断，并且拥有全省的职业教育资源，与其合作非常有利于实施该省产业急需的技术技能培训。

天津利和进出口集团有限公司在巴基斯坦有农业机械业务，亟须培养相关的技术技能人才。2022 年由天津市商务委员会牵线，天津现代职业技术学院将总部设在拉合尔的巴基斯坦鲁班工坊扩展到相距 350 公里外的木尔坦，与穆罕默德・纳瓦兹・谢里夫农业大学（Muhammad Nawaz Shareef University of Agriculture）① 建立了鲁班工坊合作项目，主要开展农业机械专业方面的合作，并计划在未来增设智能农业机械专业，助力巴基斯坦农业机械智能化水平的提高。

此举让巴基斯坦鲁班工坊在一个省的两座城市同时发挥作用，具有了双重职能，一方面与位于省会拉合尔的旁遮普省技术教育与职业培训局合作，开展专科层次的现代工业技术技能人才培养，另一方面与位于农业城市木尔坦的 MNS 农业大学合作，开展本科层次的农业机械技能人才培养。天津现代职业技术学院并没有与农业完全对口的专业，不过该校利用其机械专业的优势，并借助农机企业的技术技能，成功实施了农业机械方面的鲁班工坊建设。这又是一条创新型发展路径，即选取一个相关的专业，或者在合建专业中充分发挥自身特长，并且要特别注重企业的参与。企业具有一线的工农业实践经验，具有快速服务地方经济的技术能力和工作机制，而学校在教学模式、教学资源开发、师资培训方面具有扎实的工作经验，职业院校与企业合作一起参与建设，往往能产生良好的效果。

（三）巴基斯坦鲁班工坊的职业技术培训

巴基斯坦鲁班工坊设立之初，之所以设立机电一体化和电气自动化两

① 为了叙述方便，穆罕默德・纳瓦兹・谢里夫农业大学在下文中简称 MNS 农业大学。

个专业，与旁遮普省的经济发展密切相关。巴基斯坦鲁班工坊深度参与中巴经济走廊建设工程，联合“海尔—鲁巴经济区”、“巴基斯坦汽车配件制造商协会”、两个天津企业及七个“中资和巴资大型知名企业”组建了“国际产教协同育人联盟”[①]。巴基斯坦鲁班工坊对接的是先进制造业，受国家级行业协会——汽车配件制造商协会的指导，中资企业、巴资企业提供实习平台和就业机会。机电一体化和电气自动化专业的学生是这些企业、行业、产业急需的技术技能人才，巴基斯坦鲁班工坊的建设由此实现了产业、企业、行业、专业、职业“五业联动”，协同培育旁遮普省产业发展需要的技术技能人才。

巴基斯坦鲁班工坊根据企业需求制定机电一体化、电气自动化的国际专业标准和人才培养方案，学生在培训中获得技术技能和职业素养，这一“五业联动”的教学模式由吕景泉教授首倡，其具体内涵为：

> 职业院校以促进就业为导向，以职业能力为本位，在专业建设方面与产业、行业、企业、职业等要素密切联系，通过整合资源、相互协同、相互对接、相互融合、相互促进，将专业建设过程中体现五业联动的各项内容落实到教学与实训的各个环节，从而实现办学结构和效能优化的一种办学模式。[②]

巴基斯坦鲁班工坊的开业仪式上，时任天津市教委副主任的吕景泉教授出席并作重要讲话，强调“五业联动”的办学模式渗透在巴基斯坦鲁班工坊的办学全过程。传统职业教育教学注重“产教融合”、“校企合作”，即重视产业、企业与职业院校的结合，“五业联动”在此基础上，将行业协会、职业纳入进来，行业协会往往对本行业的技术需求有权威的认知，职业具体到工作岗位，将这些利益相关方统一融入职业教育发展，开创了职业教育产教融合的新境界。

巴基斯坦鲁班工坊注重职业培训、学历教育和企业实习的结合，其人

① 张颖，王翀．嵌入巴基斯坦教育体系的鲁班工坊建设的模式和启示［J］．天津教科院学报，2020（3）：41．

② 吕景泉．工程实践创新项目 EPIP 解析［M］．北京：中国铁道出版社有限公司，2021：176．

才培养分为三个部分，即“0.5+2+0.5”[①]，前半年在巴基斯坦鲁班工坊接受培训，通过考核获得三级证书（G3），接下来两年来天津现代职业技术学院学习，修读规定课程，完成毕业设计，可获得天津现代职业技术学院专科毕业证，然后再回到巴基斯坦，在鲁班工坊合作的中资企业、巴资企业实习，获得实习证书。这一模式培养的学生既具有巴基斯坦本土的职业资格证书，又能通过留学获得天津优质职业教育资源，通过考核获得专科学历证书，还能在大型中资企业、巴资企业实习，进一步了解熟悉职业技术，得到高端技术专家的指导，毕业后可进入中资企业或巴资企业工作，获得较高的薪酬待遇。这种技能人才培养模式，一方面促进了高质量就业，另一方面为巴基斯坦经济发展供给高端技能人才，受到巴基斯坦人民的热烈欢迎，也在此过程中提升了巴基斯坦鲁班工坊的吸引力。巴基斯坦鲁班工坊以就业为导向的培养模式赢得了广泛赞誉，因此也吸引了优质生源，形成良性职业教育发展的循环，有利于培养高素质、适应当地需求的技术技能人才。

（四）巴基斯坦鲁班工坊的中文培训

巴基斯坦鲁班工坊不但培养学生的技术技能，也培养学生的汉语能力，这种“中文＋职业技能”的人才培养模式使参与中巴经济走廊建设的中资企业获得能消化中国援助技术的高端本土化人才，他/她们对中国企业文化有强烈的认同感，能与中国企业员工顺利交流，并能带领当地员工从事建设与生产，有效解决了当地中资企业适应性技能人才短缺的问题，受到中巴政府的大力支持。

需要指出的是，鲁班工坊实施的中文教育是鲁班工坊实体化办学的衍生功能，并不是鲁班工坊的核心功能，鲁班工坊的核心要义为“强能重技”，聚焦在技能培养，而不是语言文化课程的教育。鲁班工坊将语言文化教育留给了孔子学院，而自身更专注于技术技能培养，学生在深入习得

① 张颖，王翀．嵌入巴基斯坦教育体系的鲁班工坊建设的模式和启示［J］．天津教科院学报，2020（3）：41.

中国的技术技能并在中资企业就业之后，自然会对就业企业所属国家的语言文化感兴趣，进而专门寻求学习资源。虽然鲁班工坊的核心不是语言、文化，但是鲁班工坊能够走向世界，离不开其背后深厚的班墨文化，墨子的“兼爱”、“尚贤”、“亲知”思想，鲁班的“道法自然，精工细作，勇于探索，造福后世”思想是鲁班工坊的深层文化渊源①。“兼相爱、交相力”，对于鲁班工坊“优质优先”的建设原则有重要影响，中国职业院校拿出最好的专业和教学资源，将全国职业院校技能大赛的赛项装备作为教学装备来培养合作国学生。墨子的“行为本”思想注重动手操作，将“亲知”定为优先级别，优先于“闻知”、“说知”，即亲自经历优先于听到的、读到的和思考获得的。鲁班的“道法自然，精工细作”，是指精益求精的工匠精神，“勇于探索，造福后世”，是指通过技术迭代、工程创新，为人类带来福祉。巴基斯坦鲁班工坊致力于发展鲁班工坊核心要义、专业技术教学，在提升技能人才培养质量的路上为巴基斯坦青年提供技能培训，助力其在中资企业和巴资企业就业，鲁班工坊因而受到巴基斯坦企业、政府、青年人的广泛欢迎，实现了鲁班“造福后世”的思想，也实现了鲁班工坊“共赢”的理念。

班墨文化作为重要的中华文化，对于鲁班工坊的建设与发展理念起到重要的推动作用。合作国学生学习鲁班工坊的技术与相关理念，就会受到中国班墨文化的熏陶，成长为具有深厚中国职教文化的技术技能人才。

（五）巴基斯坦鲁班工坊的科学研究

巴基斯坦鲁班工坊注重经验的总结与提炼，该工坊联合河北大学伊斯兰国家社会发展研究中心、巴中环球文化互联有限公司，在巴基斯坦管理与科技大学成立了“巴基斯坦鲁班工坊研究与推广中心”②。建立研究与推广中心是鲁班工坊发展的一项重要举措，天津作为鲁班工坊的策源地，由

① 吕景泉，杨延，李云梅，黎志东. 鲁班工坊纵览与博观［M］. 北京：外语教学与研究出版社，2023：2-3.

② 张颖，王翀. 嵌入巴基斯坦教育体系的鲁班工坊建设的模式和启示［J］. 天津教科院学报，2020（3）：41.

天津市教委牵头，联合天津市教育科学研究院、天津渤海职业技术学院、天津铁道职业技术学院在2019年建成天津市鲁班工坊研究与推广中心；埃塞俄比亚鲁班工坊建成后，天津职业技术师范大学与埃塞俄比亚联邦技术与职业培训学院（Federal Technical and Vocational Training Institute）合作建立埃塞俄比亚鲁班工坊研究与推广中心和鲁班工坊国际发展研究中心，后者于2023年入选天津市第四批高校智库。

鲁班工坊是实践机构，其研究与推广中心是模式研究、理念传播与经验推广机构，通过总结鲁班工坊建设经验，将其提炼为可借鉴、可推广的理念，对于进一步制定鲁班工坊建设标准、优化专业教学模式和人才培养方案发挥着重要的学术推动作用。

巴基斯坦鲁班工坊研究与推广中心联合中巴高校科研机构和企业，开展自身经验的总结、研究与推广，体现了鲁班工坊的“共研”理念。鲁班工坊不仅是培训实体，还是研究机构，其目的是将建设经验总结、提炼，并进一步理论化，建立鲁班工坊话语体系，为未来鲁班工坊的发展提供理论指导，并且促进职业教育体系的改革与发展。

巴基斯坦鲁班工坊的建设者也发表学术论文，总结鲁班工坊的建设经验，发现的问题，并尝试提出解决思路。天津市鲁班工坊研究与推广中心发布《2020年鲁班工坊建设与发展报告》，其中专辟一章“巴基斯坦鲁班工坊建设与发展报告”[①]。这是关于巴基斯坦鲁班工坊建设最早的研究，主要对巴基斯坦鲁班工坊项目的建设背景、合作院校、企业状况，项目建设思路、建设内容、项目推进过程、建设成效等方面进行详细介绍，是巴基斯坦鲁班工坊建设的一手资料展示。

《鲁班工坊的国际化路径——以巴基斯坦鲁班工坊为例》是关于巴基斯坦鲁班工坊建设的第一篇学术论文，其中详细介绍了巴基斯坦鲁班工坊专业教学区“一体两翼”的整体设计和“1+1+6”的产教融合模式[②]。可见，巴基斯坦鲁班工坊从成立之初，就将产教融合落到实处，在学校专业、产

① 金永伟，杨延. 2020年鲁班工坊建设与发展报告［M］. 天津：天津人民出版社，2020：121–138.

② 巴基斯坦“1+1+6”指一个产业园区、一个行业协会和六家大型企业，详情见张颖，周明星. 鲁班工坊的国际化达成路径［J］. 当代职业教育，2018（6）：83–87.

业园区、行业协会、大型企业、所需职业紧密结合起来，体现了鲁班工坊所要求的“五业联动”。

《嵌入巴基斯坦教育体系的鲁班工坊建设的模式和启示》讲述了巴基斯坦鲁班工坊建设的经济、教育背景和鲁班工坊的运行模式，总结了“0.5+2+0.5”人才培养模式的成效，并指出了在建设中存在的学历互认困难问题①。在2018年，学生在巴基斯坦鲁班工坊经过半年的培训，可获得旁遮普省技术教育理事会认证的G3职业资格证书，但是因为鲁班工坊项目还没有进入巴基斯坦的学历教育体系，学生在学历层面只能获得天津现代职业技术学院的大学专科证书。不能实现学历互认主要是由于旁遮普省技术教育与职业培训局“隶属旁遮普省政府工商业投资部”，主要负责职业技术培训，而学历教育则属于该省“教育部审批”，由于分属两个“平行部门，在推进学历互认的过程中存在较多行政审批程序问题”②。这也是后续需要解决的问题，这一状况目前已经部分得到了解决。

2023年7月7日，在2023年度天津市鲁班工坊研究与推广中心培训项目——鲁班工坊品牌建设、核心要义与国际交流能力提升培训项目中，天津现代职业技术学院国际交流处副处长张颖以《巴基斯坦鲁班工坊》为题，做了巴基斯坦鲁班工坊建设经验的分享，对鲁班工坊的运营管理、建设成果、建设特色和未来发展规划进行了详细介绍，其中谈到鲁班工坊学生在获得G3职业资格证书、天津现代职业技术学院专科学历证书和产教融合联盟企业的实习证书后，可进入旁遮普应用技术大学学习两年，获得本科学历，实现了中国与巴基斯坦学历贯通。这是在天津市23所鲁班工坊建设院校培训班上所作的经验与研究成果分享，为鲁班工坊项目在20个国家的建设提供了可持续发展建议。

《巴基斯坦鲁班工坊构建可持续发展实践体系研究》从省域市域联动

① 巴基斯坦鲁班工坊“0.5+2+0.5”人才培养模式，第一个0.5指半年在巴基斯坦鲁班工坊进行职业能力培训，2指之后两年来天津现代职业技术学院实施学历教育两年，第二个0.5指之后再回到巴基斯坦在巴基斯坦鲁班工坊协同育人联盟成员企业内顶岗实习半年，详情见张颖，王翀．嵌入巴基斯坦教育体系的鲁班工坊建设的模式和启示［J］．天津市教科院学报，2020（3）：39–44.

② 张颖，王翀．嵌入巴基斯坦教育体系的鲁班工坊建设的模式和启示［J］．天津市教科院学报，2020（3）：43.

模式、双证书人才培养、产教融合赋能机制等方面探讨了巴基斯坦鲁班工坊可持续发展的实践体系，特别是与旁遮普省的 MNS 农业大学建立了以农业机械培训为主要方向的新型鲁班工坊项目，有力促进了天津农业机械走进木尔坦，一年内天津“勇猛机械股份公司出口巴基斯坦的销售额达 96.91 万美元”[①]。巴基斯坦鲁班工坊在适应了省会拉合尔现代工业需求的基础上，又满足了农业城市木尔坦的农业技术需求。这是在经过三年建设期后，面对鲁班工坊可持续发展实现的较为成熟的案例，巴基斯坦鲁班工坊建设的第一、二、三年天津市政府分别有 300 万元、150 万元、150 万元，共计 600 万元财政资金支持，之后需要靠工坊自身发展。而随着时间的推移，鲁班工坊的设备面临老化、更新换代的问题，需要投入新的设备，这就需要一定的资金支持，单纯依靠天津市政府投入难以实现可持续性，需要建构鲁班工坊的“自身造血功能”，通过与企业的深度合作，争取更多企业的支持与投入，共建院校与相关企业的合作投入是实现可持续发展的重要路径。

二、旁遮普天津技术大学

旁遮普天津技术大学由天津市教育委员会与巴基斯坦旁遮普省技术教育与职业培训局合作，天津市三所工科技术类大学直接参与建设，于 2018 年 3 月建成，并举行了开学典礼。旁遮普天津技术大学是巴基斯坦第一所职业教育类本科院校，这在其职业教育史上产生了重要的影响。这所技术大学为巴基斯坦职业教育带来新的发展机遇，在提升职业教育的地位和认可度方面发挥了重要作用。

（一）建设历程

2017 年 3 月，时任旁遮普省首席部长的穆罕默德 · 夏巴兹 · 谢里夫

① 康宁，张颖. 巴基斯坦鲁班工坊构建可持续发展实践体系研究［J］. 职业教育研究，2023（5）：13.

（Muhammad Shahbaz Sharif）访问天津，看到技术教育在天津经济发展中的重要作用，尤其是他在天津职业技术师范大学访问时发现“双师型”职教师资人才培养模式在技术教育中发挥了重要作用，随即他提出在巴基斯坦也要建立类似的大学，希望天津市给予支持。天津市政府根据国家“一带一路”和中巴经济走廊发展计划，积极回应旁遮普省的需求，并随即回访巴基斯坦旁遮普省，考察办学地点并协商合作模式，双方在 2017 年 11 月签署协议，计划共同建设旁遮普天津技术大学。

该大学由天津市教委和旁遮普省技术教育与职业培训局牵头，天津职业技术师范大学、天津工业大学、天津城建大学联合参与建设，天津职业技术师范大学建设机电工程学院，天津工业大学建设纺织与服装学院，天津城建大学建设建筑与土木工程学院，建设专业均为巴基斯坦产业发展急需的技术技能类专业，也是这三所大学的王牌专业。这是一所直接引进天津优质工科教育资源，为巴基斯坦培养应用技术人才的大学，其人才培养方案、教学模式分别来自天津三所参与建设的大学。三所大学具有成熟的人才培养方案与教学经验，其人才培养方案被翻译为英文，并根据巴基斯坦教育行政部门对人才培养的要求，进行了调整优化，形成了本土化的技术人才培养方案。

旁遮普天津技术大学是一所本科院校，为巴基斯坦职业教育带来新的突破。旁遮普省技术教育与职业培训局下属 400 余所中职和高职院校，没有本科，其本科类院校归高等教育部管理。这次建设的巴基斯坦天津技术大学由旁遮普省技术教育与职业培训局主管，这是该局首次参与本科类职业院校的管理，这种办学经验将会为旁遮普省，乃至整个巴基斯坦的职业教育带来重大变化。大学专科不是职业教育的天花板，发展到本科职业教育是巴基斯坦职业教育体系的重大突破，对其职业教育未来发展将产生重要影响。

（二）发展状况

旁遮普天津技术大学的主要生源是巴基斯坦完成高级中等教育阶段的职业院校优秀毕业生，他们一般已获得副工程师文凭，类似于我国的技校生源攻读本科学位的人才培养模式在巴基斯坦的应用。天津职业技术师范大学在这方面经验丰富，该校于 1984 年经原国家劳动部批准招收技校生源，形成了与“高中生源本科”并列的“技校生源本科”，对于这类学生的培养有丰富的经验，其“一体化”、“双师型”职教人才培养模式让很多技校生源学生毕业时在获得本科学历的基础上，获得高级工、甚至技师的职业资格证书，这些学生现在大都已经成为相关职业院校的骨干[①]，有不少进入普通高校，甚至进入重点大学工程实训中心从事实训教学工作。这一教学模式应用到旁遮普天津技术大学，使该技术大学除了培养当地产业需要的技术技能人才外，还承担着培养职教师资的重任。

旁遮普天津技术大学的发展愿景是致力于“成为南亚地区领先的国际大学，其目的是培养高技能、创新型和有创造力的技术人才，从而赢得国内外产业和各类组织的赞誉”[②]。旁遮普省有意将该大学打造成在南亚地区具有重大影响力的职业技术大学，其人才培养的核心标准是培养“高端技能、创新型和有创造力的技术人才”，这一标准在其大学使命中被再次重申，这充分表明这一标准已植根于其人才培养的理念中。

高技能人才，要求其具备高水平专业技能，能够在复杂和高度技术化的领域中胜任工作，能够应用先进的技术和工具，独立解决复杂的技术问题。创新型技术人才是指具备创新思维和创新能力的技术人才，这种人才能够独立思考和提出新的理念、方法和解决方案，能够创造性地应用技术知识和技术工具来解决问题，并在技术领域中推动创新和发展。创新型技术人才通常具备跨学科技术能力，能够将不同领域的技术和知识整合，提出独特和前瞻性的解决方案。

有创造力的技术人才是指具备创造力和想象力的技术人才，这类人才能够以创造性的方式应用技术知识和技术工具，解决问题并创造新的价值。有创造力的技术人才通常具备开放的思维和敏锐的洞察力，能够在技术领域中发挥创造性作用，推动技术的进步和发展。

培养“高技能、创新型和有创造力的技术人才”是旁遮普天津技术大

① 孟庆国，曹晔. 中国特色高技能人才培养体系与模式研究［J］. 职教论坛，2016（13）：65.

② Punjab-Tianjin University of Technology［EB/OL］.［2023-08-20］. https://ptut.edu.pk/vision-mission/.

学办学的重要使命，其人才培养出口到国内外企业和组织机构。可以看出，巴基斯坦依然注重职业教育人才的国际化就业，希望通过这样一所大学，为其青年劳动力实现国际化就业提供高端技能教育。

另外在其大学使命中，专门提到要“发展与产业的互利关系”[①]，职业技术教育要服务产业，产业是国家经济的重要支柱，职业技术教育的目标是培养与产业需求相匹配的技术技能人才，以满足产业的人力资源需求。这是职业技术大学的使命，这种大学就是要通过供给高端技术技能人才促进产业发展，进而促进经济增长。产业也要服务职业技术教育，要实现共赢。旁遮普天津技术大学要填补产业中的技能缺口，提高产业的效率和竞争力，促进产业的创新和发展，同时也需要产业提供高端设备、高端培训师、实习场所、就业机会，推动技术大学的发展。旁遮普天津技术大学将这种产教深度融合理念作为其办学使命，深受中国职业技术教育的影响，这与天津职业技术师范大学、天津工业大学、天津城建大学的共建工作有很大关系。这其中，天津职业技术师范大学作为中国“职教黄埔”，在传播中国职教思想方面发挥了重要作用。

目前，旁遮普天津技术大学已经达到研究生层次，成为巴基斯坦第一所培养职业技术硕士的高校。旁遮普天津技术大学希望通过一流的技术与装备，吸引优秀生源，提高人才培养质量。巴基斯坦政府基于此创新发展职业教育，通过应用技术赋能巴基斯坦青年，培养企业需要的高端技能人才，推动巴基斯坦产业繁荣发展。

（三）面临的问题

天津市三所高校（天津职业技术师范大学、天津工业大学、天津城建大学）在巴基斯坦参与共建的持续时间为一年半，后因疫情、资金等问题未能继续派出第二批教师，目前旁遮普天津技术大学已经开始独立运行。共建高校未能继续派出第二批教师，可能导致旁遮普天津技术大学教育质

① Punjab-Tianjin University of Technology [EB/OL]. [2023-08-20]. https://ptut.edu.pk/vision-mission/.

量有所下降，第一批师资主要为的是打下基础，第二批、第三批专家为的是进一步提高专业建设质量，将天津市职业教育的理念、技能人才培养经验、“双师型”职教人才培养模式深度输出到旁遮普天津技术大学。目前缺乏天津市三所高校的持续支持和指导，这所技术大学已面临专家级的职业技术教师不足的问题，这将严重影响到该校的专业建设质量、教学科研能力，进而影响到人才培养质量。

若旁遮普天津技术大学直接交由巴基斯坦旁遮普省管理，天津市不再继续支持，就需要这所技术大学独立运行，这也是一种常见的方式。但是这所大学有些特殊，旁遮普天津技术大学在其官方网站的简介中，将三所大学的参与共建作为核心信息予以介绍，这是中巴教育合作的一项重要成果，如果共建工作无法继续，之前投入的资源，如教学成果、高端技术、实训设备，就可能会闲置下来，导致资源浪费，无法发挥其应有的作用。共建项目是为了加强中巴合作，促进巴方应用技术教育的健康发展，并在这一发展中提升中国职业教育的国际化质量，实现共建、共赢、共同发展。如果共建工作停止，将无法继续产生重要的合作成果，这也会影响到双方进一步合作发展的积极性。

（四）解决方式

鲁班工坊建设模式也是职业技术院校在海外办学的成功尝试，从2016年首家鲁班工坊在泰国大城技术学院建成以来，产生了重要的示范效应，到目前为止，天津市已经在20个国家建成了21家鲁班工坊，并且产生了大量的实践成果，成为中国职业教育国际化一张靓丽的名片，其建设模式与后续发展模式，对于解决旁遮普天津技术大学的未来援建难题，提供了重要启示。

鲁班工坊前期通过财政资金投入购置教学装备和实训设备，参建教师不需要常驻合作国，而是由国外院校派教师来中国职业院校的鲁班工坊进行培训学习，先期中国教师只是在设备安装、调试阶段在国外短暂工作，后期定期去合作国给予短期指导和培训。

这种教学模式创新至少有三大优势：其一，节省了大量的参建教师、专家的生活、工作费用；其二，这种教学模式也规避了很多政策、习俗等方面的风险，中国教师不直接接触对方学生，而由培养的合作国教师去教其当地学生，这就不会因为不熟悉合作国的教学模式、成绩评定规则和文化习俗而与学生产生矛盾，并且也解决了语言不通、讲解不透的问题；其三，通过服务产业增强自身造血功能，很多鲁班工坊建设都有企业参与，一般都是在合作国的中资企业和外方企业，这些企业有良好的社会适应能力和实践经验，并拥有雄厚的资金资源，鲁班工坊通过为这些企业培养急需的技术技能人才，获得了企业的认可。鲁班工坊对于企业不可或缺，企业也愿意拿出资金、设备，解决鲁班工坊办学过程中存在的资金不足问题。

基于此，旁遮普天津技术大学可以采用鲁班工坊的模式，推动职业技术合作办学的可持续性发展。具体做法是天津参建院校与旁遮普天津技术大学合作创办一个鲁班工坊，这个鲁班工坊只是作为一个内部机构，整体的大学还是由旁遮普省负责，通过鲁班工坊这一内部机构辐射技术大学的相关专业建设。这就需要按照鲁班工坊的核心要义和建设标准，在第一期已建成的技术大学基础上，优化设计教学模式，开发相关教学资源，邀请中资企业和巴资企业参与办学，通过深度产教融合推动巴基斯坦第二所鲁班工坊建设。

如其他鲁班工坊一样，前期费用由财政支持，我方教师和专家只是短期在巴方指导工作，或者邀请旁遮普天津技术大学的相关教师来天津参建院校的鲁班工坊进行短期学习，由这些教师培养当地的学生，我方教师不直接接触学生，这就与最初在旁遮普天津技术大学由我方教师直接授课的方式产生了重大变化。

另一个解决方案是通过与第一所巴基斯坦鲁班工坊合作，借鉴泰国鲁班工坊“一坊两中心”模式[①]，建成巴基斯坦鲁班工坊的“技术大学分中心”，将旁遮普天津技术大学纳入鲁班工坊建设的总体规划布局中，充分利用鲁班工坊建设的理念和资源，实现对这所职业技术大学的有效建设。

① 泰国鲁班工坊建成“一坊两中心”，“一坊”指一个鲁班工坊，“两中心”指天津渤海职业技术学院负责援建的“渤海中心”和天津铁道职业技术学院负责援建的“铁院中心”。

另外，应特别注重深入实施巴基斯坦鲁班工坊技术大学分中心的“五业联动”产教融合模式。技术大学分中心的办学模式要服务大型的中资企业、巴资企业和相关制造业，并接受国家级行业协会的指导，根据相关行业的职业要求，建立高端技能人才培养专业，致力于培养产业、企业、行业及职业急需的高端技能人才，从而获得合作企业、产业及行业的高度认可，进而吸引资金、设备等资源的投入。这将有助于尽快形成自身的造血功能，实现可持续性发展。

参考文献

著作类

[1] 陈明昆．中外职业教育概论［M］．北京：高等教育出版社，2016.

[2] 金永伟，杨延．2020 年鲁班工坊建设与发展报告［M］．天津：天津人民出版社，2020.

[3] 刘进，赵坤，等．巴基斯坦高等教育研究［M］．北京：北京理工大学出版社，2022.

[4] 刘锦前，等．“一带一路”国别研究报告　巴基斯坦卷［M］．北京：中国社会科学出版社，2022.

[5] 吕景泉．工程实践创新项目 EPIP 解析［M］．北京：中国铁道出版社有限公司，2021.

[6] 吕景泉，杨延，李云梅，黎志东．鲁班工坊纵览与博观［M］．北京：外语教学与研究出版社，2023.

[7] 田山俊，齐方萍．印度文化教育研究［M］．北京：外语教学与研究出版社，2022.

[8] 徐墨，高雅茹．巴基斯坦文化教育研究［M］．北京：外语教学与研究出版社，2022.

期刊论文类

[9] 孟庆国，曹晔．中国特色高技能人才培养体系与模式研究［J］．职教论坛，2016（13）：64–69.

[10] 康宁，张颖．巴基斯坦鲁班工坊构建可持续发展实践体系研究［J］.

职业教育研究，2023（5）：10–14.
[11] 傅惠生．论《四十二章经》译文的历史经典性［J］．华东师范大学学报：哲学社会科学版，2014（6）：73–84.
[12] 田雪枫．巴基斯坦学校教育系统的概况、现状及特点研究［J］．世界教育信息，2021（5）：38–46.
[13] 张颖，王翀．嵌入巴基斯坦教育体系的鲁班工坊建设的模式和启示［J］．天津教科院学报，2020（3）：39–44.
[14] 张颖，周明星．鲁班工坊的国际化达成路径［J］．当代职业教育，2018（6）：83–87.
[15] 赵勋．巴基斯坦职业教育政策发展探析［J］．职业教育：评论版，2022（18）：45–54.
[16] 杨立学．埃塞俄比亚职业教育的现状、问题与发展路径［J］．中国职业技术教育，2019（15）：90–96.

其他类

[17] Dawood Shah，Muhammad Inayat Khan，Muhammad Yaseen，et al. Pakistan Education Statistics 2017—2018［R］．National Education Management Information System，Academy of Educational Planning & Management，Ministry of Federal Education & Professional Training，Government of Pakistan，2021.
[18] Government of Pakistan. National “Skills for All” Strategy：A Roadmap for Skill Development in Pakistan［R］．Ministry of Federal Education & Professional Training，2018.
[19] International Centre for Technical and Vocational Education and Training，UNESCO. National Vocational and Technical Training Commission［EB/OL］．［2023–08–19］．https://unevoc.unesco.org/home/Explore+the+UNEVOC+Network/centre=2896.
[20] Joseph Taylor. Pakistan Higher Education Commission Vision 2025［R］．Universities UK International，2017.

[21] Ministry of Federal Education and Professional Training. Skills for Growth & Development：A Technical and Vocational Education and Training（TVET）Policy for Pakistan [R]. Islamabad：NAVTTC，2018.

[22] National Vocational and Technical Education Commission. National Skills Strategy 2009—2013 [R]. Islamabad：Prime Minister's Secretariat，2009.

[23] National Vocational and Technical Training Commission. Pakistan National Vocational Qualifications Framework（NVQF），Version 1 [R]. Islamabad：NAVTTC，2015.

[24] 教育部，国家发展改革委，财政部，人力资源社会保障部，住房和城乡建设部. 职业学校办学条件达标工程实施方案 [EB/OL].（2022-12-22）[2023-10-16]. https://www.gov.cn/zhengce/zhengceku/2022-11/19/content_5727868.htm.

[25] 中国外交部. 巴基斯坦国家概况 [EB/OL].（2023-11）[2023-12-13]. https://www.mfa.gov.cn/web/gjhdq_676201/gj_676203/yz_676205/1206_676308/1206x0_676310/.

[26] 中国外交部. 中国同巴基斯坦的关系 [EB/OL].（2023-07）[2023-12-14]. https://www.mfa.gov.cn/web/gjhdq_676201/gj_676203/yz_676205/1206_676308/sbgx_676312/.

[27] Balochistan Technical Education &. Vocational Training Authority [EB/OL]. [2022-05-14]. https://btevta.gob.pk/courses/.

[28] Encyclopaedia Britannica. Pakistan [EB/OL].（2023-08-18）[2023-08-19]. https://www.britannica.com/print/article/438805.

[29] Punjab Technical Education & Vocational Training Authority [EB/OL]. [2022-05-14]. https://tevta.punjab.gov.pk/ptevta-at-glance.

[30] Punjab-Tianjin University of Technology [EB/OL]. [2023-08-20]. https://ptut.edu.pk/vision-mission/.

[31] Sindh Technical Education & Vocational Training Authority [EB/OL]. [2022-05-14]. https://stevta.gos.pk/institutes.aspx？cat=GCT.

[32] The Apprenticeship Ordinance，1962 [EB/OL].（1962–06–06）[2022–05–13]. https://www.ilo.org/dyn/natlex/docs/ELECTRONIC/39285/118501/F-1943107699/PAK39285.pdf.

[33] The World Bank [EB/OL].（2022–10–24）[2023–08–19]. https://www.worldbank.org/en/search? q=parkistan+education+gross+enrollment+ratio¤tTab=1&x=0&y=0.

[34] Umar Serajuddin，Nada Hamadeh. New World Bank Country Classifications by Income level：2020—2021 [EB/OL].（2020–07–01）[2023–08–19]. https://blogs.worldbank.org/opendata/new-world-bank-country-classifications-income-level-2020—2021.

[35] The Sindh Technical Education and Vocational Training Authority Act，2009 [L]. Sindh Act No. VIII of 2010.